U0895513

安徽省教育厅重大教研教改课题(2013zdjy144)“弘扬黄山精神,探索大学生思想政治教育模式创新——以黄山学院为例”成果汇编

大学精神及其培育

——以黄山学院为例

曾小保　主编

合肥工業大學出版社

图书在版编目(CIP)数据

大学精神及其培育:以黄山学院为例/曾小保主编.—合肥:合肥工业大学出版社,2017.12
ISBN 978-7-5650-3701-6

Ⅰ.①大… Ⅱ.①曾… Ⅲ.①大学生—思想政治教育—研究—中国 Ⅳ.①G641

中国版本图书馆 CIP 数据核字(2017)第294478号

大学精神及其培育
——以黄山学院为例

曾小保 主编 责任编辑 朱移山

出 版	合肥工业大学出版社	版 次	2017年12月第1版
地 址	合肥市屯溪路193号	印 次	2017年12月第1次印刷
邮 编	230009	开 本	880毫米×1230毫米 1/32
电 话	人文编辑部:0551-62903205	印 张	5.5
	市场营销部:0551-62903198	字 数	98千字
网 址	www.hfutpress.com.cn	印 刷	合肥现代印务有限公司
E-mail	hfutpress@163.com	发 行	全国新华书店

ISBN 978-7-5650-3701-6 定价:28.00元

前　言

这本小册子是2013年立项的安徽省教育厅重大教研教改课题（2013zdjy144）“弘扬黄山精神，探索大学生思想政治教育模式创新——以黄山学院为例”成果的汇编。

之所以以此课题立项，我们当初考虑，将地域文化融入思想政治教育资源中，立体打造大思想政治教育的格局，这是一个行之有效的举措。首先，地域文化融入思想政治教育中，可使高校思想政治教育更具感召力。地域文化以其深厚的历史积淀和鲜明的地域特色为思想政治教育构筑起了坚实的人文基础，从而使思想政治教育更有说服力和感染力，更加贴近生活、贴近实际、贴近教育对象，同时还提高了思想政治教育的针对性和实效性。其次，地域文化融入思想政治教育可以拓宽高校思想政治教育的外延。地域文化内容丰富，蕴含了中国传统文化中的优良品行和进步思想观念，将其融入到思想政治教育中，既丰富了思想政治教育的外延，又增强了教学效果。最后，地域文化融入思想政治教育有利于从整体上提升大学生的素质。地域文化包含了传统精神和传统文化，将其与思想政治教育结合，使学生能更多了解我国的地域特色和文化内涵，产生对乡土文化的认同感，增强民族自豪感和爱国热情。

黄山学院坐落于黄山市，黄山市为古徽州的核心区域，博大精深的徽州文化成就了古徽州的辉煌，至今都让我们为之自豪。徽州文化可以有很多概括，我们以为，黄山市政府目前将其核心内容概括为黄山精神是有一定道理的，地域文化的核心本应体现在文化的精神上。因此，作为一所地方性、应用型本科院校，以黄山精神为核心构建黄山学院的大思想政治教育格局具有很强的可操作性。

课题立项以后三年过去了，我们也取得了一些阶段性成果。但随着研究的深入，有些原初的设想也有了一些变化，如我们现在更主张将黄山精神融入黄山学院精神之中，不断培育黄山学院精神，从而以黄山学院精神为主线，加强和改进大学生思想政治教育工作，这更加切合我校的实际。

成果中有些标注了作者，有些没有，一则如总结类，本身即为集体智慧的结晶；另一则如文件类，不便于标注。但我们心存感念，衷心感谢那些无名作者。

课题组

目　录

学校文件

调研报告、工作总结

论　　文

黄山学院精神培育

学 校 文 件

关于进一步加快培育黄山学院精神，全面构建思想政治教育大格局的实施方案

党办字［2017］1号

加强和改进大学生思想政治教育是高等教育教学改革的永恒课题。2004年中央16号文件颁布以来，我校的大学生思想政治教育取得了可喜成绩，大学生的自强意识、创新意识、成才意识、创业意识已经牢固树立。但是，大学生的政治信仰迷茫、理想信念模糊、价值取向扭曲、诚信意识淡薄、社会责任感缺乏、艰苦奋斗精神淡化、团结协作观念较差、心理素质欠

佳等问题还不同程度地存在。究其缘由，社会、学校、大学生群体等方方面面的原因都存在。就学校层面而言，大学生思想政治教育的合力尚待进一步提升，思想政治理论课的实效性与思想政治教育的针对性仍须进一步增强，思想政治教育的内容、载体、手段的丰富与创新亟待进一步加强。因此，加快培育黄山学院精神，立足学生全面发展，建立教书育人、实践育人、科研育人、管理育人、服务育人的长效机制，以增强学生社会责任感、创新精神和实践能力为目的，全面落实立德树人的根本任务，形成以高校为主体、全社会齐抓共管、校内外联动、全员全过程全方位育人的大格局具有十分重要的意义。

一、指导思想

高举中国特色社会主义伟大旗帜，以马克思列宁主义、毛泽东思想、邓小平理论、“三个代表”重要思想、科学发展观为指导，深入贯彻落实党的十八大和十八届三中、四中、五中、六中全会精神，深入贯彻落实习近平总书记系列重要讲话和全国高校思想政治工作会议讲话精神，全面贯彻党的教育方针，强化政治意识、责任意识、阵地意识和底线意识，以立德树人为根本任务，以深入推进中国特色社会主义理论体系进教材、进课堂、进头脑为主线，以提高教师队伍思想政治素质和育人能力为基础，以加强高校网络等阵地建设为重点，积极培育和践行社会主义核心价值观，不断坚定广大师生中国特色社会主义道路自信、理论自信、制度自信、文化自信，培养德智体美全面发展的社会主义建设者和接班人。

二、组织领导

高校党委对学校工作实行全面领导，承担管党治党、办学治校主体责任，发挥“把方向、管大局、作决策、保落实”的作用。为扎实推进宣传思想政治教育工作，加强对我校宣传思想政治教育大格局的领导，成立以党委书记为组长，其他校领导为副组长，各部门行政负责人、院部党总支负责人为成员的领导组，负责宣传思想工作的顶层设计工作。领导组下设办公室，办公室设在宣传部，宣传部负责人为办公室主任，教务处、学生处、团委、马克思主义学院等负责人为副主任，负责落实、协调大格局工作和日常事务的处理。

各部门和二级学院是宣传思想政治教育大格局建设的直接承担者，要发挥他们的主观能动性，并积极作为。各部门行政负责人和二级学院党政负责人是宣传思想政治教育大格局建设的主体责任人，要在校党委领导下，切实谋划好宣传思想政治教育工作，做好宣传思想政治教育的设计与落实工作。

三、工作任务

秉承黄山学院“教人求真，学做真人”的校训，融入开放、吃苦、和合、诚信的黄山精神，加快培育黄山学院精神，并以黄山学院精神为主线构建我校宣传思想政治教育大格局。

发挥党总支的政治核心作用。党总支是学校思想政治工作的桥梁和纽带，是本单位的政治核心。各党总支要承担宣传思想政治教育大格局建设的主体责任，根据校党委和宣传思想政治教育大格局领导组的安排与部署，创新体制机制，改进工作方式，认真谋划本单位思想政治工作，建立切实有效的思想政治工作的长效机制，把广大师生员工的各项思想政治工作落到实处。做好在高校教师和学生中发展党员的工作，加强党员队伍教育管理，使每个师生党员都做到在党爱党、在党言党、在党为党。发挥后勤党总支在学生思想政治教育工作中的作用，积极探索建立学生宿舍楼宇的学生党组织，不断创新学生思想政治工作新模式。

发挥思想政治理论课的主渠道作用。执行《高等学校思想政治理论课建设标准》，制定思想政治理论课建设规划，确保思想政治理论课在高校教学体系中的重点建设地位。思想政治理论课是对大学生进行思想政治教育的主渠道、主阵地，要坚持在改进中加强，提升思想政治教育亲和力和针对性，满足学生成长发展需求和期待。思想政治理论课既要重理论教学，又要重社会实践，推动思想政治理论课由教材体系向教学体系的转化，增加社会实践在思想政治理论课教学中的比重，重视学生思想政治素质综合提升。扎实推进“行知课堂”建设，实现思想政治理论课与社会实践的有机融合；把社会主义核心价值观教育融入学生日常的活动中，实现思想政治理论课与学生社团活动有机融合；提升思想政治教育的针对性，实现思想政治理论课与辅导员的学生日常管理有机融合；把黄山学院精神的宣传培育落到实处，实现思想政治理论课与黄山学院精神的宣传培育有机融合。与此同时，其他各门课都要“各自守好一段渠、种好责任田”，使各类课程与思想政治理论课同向同行，形成协同效应。

提升校园文化的育人功能。广泛开展文明校园创建，开展形式多样、健康向上、格调高雅的校园文化活动，广泛开展各类社会实践。建设具有鲜明地域特色的校园环境文化，做好环境育人工作。以徽州文化广场为中心，开创一条以徽州文化元素为主题的文化长廊，以系列宣传栏、徽派盆景和徽州三雕等实物，营造浓郁的徽州文化特色氛围；塑造一组徽州名人雕像，并将其布展于教学楼、主干道和徽州文化广场上；在现有徽州文书博物馆、徽州美术馆的基础上，建设黄山学院校史馆。“一体两翼”打造讲坛文化精品，以思想政治教育论坛为“一体”，以学校“知行大讲堂”、院部报告会为“两翼”，引领校园文化，推进学生思想理论修养和综合素质的不断提升；全校每年定期举行书记论坛、辅导员论坛和思想政治理论课教师论坛三个思想政治教育论坛，通过论坛寻求宣传思想政治教育工作的对策，使论坛成为探索宣传思想政治教育改革创新的工作机制；以党委宣传部、校团委、马克思主义学院联合举办的知行大讲坛为主体，以各院部、部门举办的各类讲座、学术报告以及学术沙龙等为辅助，把“两翼”打造成学术交流平台，搭建校园理论研究尤其是思想政治教育宣传与研究的平台。

不断壮大主流思想舆论引导功能。以黄山学院校园广播电台、校园网、黄山学院报、宣传橱窗等校园媒体为宣传主阵地，做大做强正面宣传，加强国家安全教育，加强国家观和民族团结教育，管好导向、管好阵地、管好队伍，坚决抵御敌对势力渗透，牢牢掌握高校意识形态工作的领导权、话语权，不断巩固马克思主义的指导地位。切实做好我校新闻舆论工作，完善新闻信息发布机制，适时建立新闻发言人制度，进一步加大我校新闻舆论工作力度，构建高校、宣传部门、新闻媒体三方联动宣传机制，为我校改革发展营造良好的舆论氛围。

创新网络宣传思想政治教育功能。运用新媒体、新技术搞活思想政治工作，推动思想政治工作传统优势同信息技术高度融合，增强时代感和吸引力。逐步培育一批导向正确、影响力广的网络名师；立足校园网站建设并开办一批贴近师生学习生活的网络名站、名栏，建设一支由青年教师骨干和学生组成的网络宣传员队伍，打造示范性思想理论教育资源网站、学生主题教育网站和网络互动社区，推进辅导员博客、思想政治理论课教师博客、校务微博、校园微信公众账号等网络新媒体建设。

发挥社团拓展学生综合素质功能。积极探索、制定大学生社团的成立和年度检查制度，做大做强学术研究和社会实践、文化艺术、公益服务、体育竞技、专业实践等五大类别社团文化。以文体活动、课外科技创新教育、实践教育三个平台全面增强学生综合素质。以学校已经成立的大学生应用能力发展中心为统领，为全面提升学生综合素质搭建平台。搭建文体活动平台，增进大学生身心健康，以“第二课堂”活动贯穿学生素质拓展全过程，活跃校园文化氛围；结合学科特点，搭建课外科技创新教育平台，积极引导学生参加课外科技活动，培养学生创新、创业与就业竞争能力；搭建实践教育平台，引导学生在服务地方经济社会发展中增长才干，组织学生赴农村、社区，开展社会实践活动，进行党史宣传、教育帮扶、家电维修服务、农村社会调查等实践活动。

四、工作措施

大力提高高校教师队伍思想政治素质。要加强师德师风建设，坚持教书和育人相统一，坚持言传和身教相统一，坚持潜心问道和关注社会相统一，坚持学术自由和学术规范相统一，引导广大教师以德立身、以德立学、以德施教。着力加强教师思想政治工作，坚持不懈用中国特色社会主义理论体系武装教师头脑，建立健全师生政治理论学习制度，实行学术安全培训制度，深入推进哲学社会科学教学科研骨干和思想政治理论课骨干教师研修工作，探索建立中青年教师社会实践和校外挂职制度，高度重视在优秀青年教师中发展党员。要拓展选拔视野，抓好教育培训，强化实践锻炼，健全激励机制，整体推进高校党政干部和共青团干部、思想政治理论课教师和哲学社会科学课教师、辅导员班主任和心理咨询教师等队伍建设。

总结提炼黄山学院精神。认真梳理黄山学院 30 多年的办学历史，提炼出黄山学院精神。自 1980 年获批成立徽州师专 30 多年来，黄山学院人在地域文化的滋润下，逐渐形成了自己的办学理念、办学特色，形成了具有鲜明地域特色的黄山学院精神。以此精神凝聚黄山学院人的思想共识，构建黄山学院人的精神家园。

弘扬落实黄山学院精神。在学校大思政格局领导组的领导下，宣传部负责协调工作，制定工作方案，并定期进行检查与督查工作，切实做好黄山学院精神与思想政治理论课、校园环境文化、学校制度文化、学校讲坛文化、大学生社团文化等五个方面的结合工作，把弘扬黄山学院精神工作落到实处。要创新工作机制，采取与学生的兴趣爱好相结合的实招、新招弘扬黄山学院精神。

宣传培育黄山学院精神。学生处是学生思想政治工作学工委单位的牵头部门，要协调好学工委单位学生思想政治教育工作，负责大学生入学教育、就业创业教育、毕业教育的谋划、组织与协调工作。入学教育、就业创业教育、毕业教育是一个在校大学生接受所就读大学在校教育的三个关键点，认真谋划这三个关节点的教育对一个在校大学生的成长有着十分重要的意义。要把黄山学院精神纳入入学教育、就业创业教育、毕业教育的全过程，有计划、有重点、有层次地开展系列教育活动。

五、工作要求

（一）统一思想，高度重视。充分认识构建高校宣传思想工作大格局的重要意义。从战略和全局的高度，充分认识加强和改进高校宣传思想工作的极端重要性和现实紧迫性，把这项工作始终摆在重要位置。

（二）多措并举，扎实推进。细化现有工作方案和举措，明确时间进度、工作成果、督促检查等具体安排，把方案各项任务落细、落小、落实。

（三）加强领导，确保实效。完善宣传思想工作机制，经常研究，及时加强指导。建立相应的工作协调机制，形成各方支持参与、协调推进宣传思想工作的良好局面。建立健全党委统一领导、党政工团齐抓共管、党委宣传部门牵头协调、有关部门和院部共同参与的工作机制，努力做到稳步推进，务求实效。

调研报告、工作总结

当代大学生核心价值观现状调研报告

——基于对533名学生的调研

陈　玲（马克思主义学院）

摘　要：对533名大学生进行的社会主义核心价值观现状的调研结果显示，当代大学生的核心价值观建设已经初具成效，然在价值观内核的明晰、价值观的社会实践程度、价值观的认同度以及价值观与传统文化的关联度等方面还有待进一步改进。在不断探索“知行合一”的社会主义价值观建设的实践路径的过程中，通过构建师生互动、资源共享的网络平台实现教师针对性指导，提高学生参与的主动性与积极性，推动学生对社会主义核心价值观从理性认知内化为个人价值认同，在传统文化的承袭与变革中实现对大学生核心价值观的构建与再塑。

关键词： 大学生；核心价值观；调研

中国共产党十六届六次全会通过了《中共中央关于构建社会主义和谐社会若干重大问题的决定》，其中首次提出了社会主义核心价值观这一重大理论观点和战略任务，并对其内涵进行了定义，即涵盖马克思主义的指导思想、中国特色社会主义的共同理想、以爱国主义为核心的民族精神、以改革创新为核心的时代精神和社会主义荣辱观。党的十七大报告指出要进一步将社会主义核心价值观融入国民教育体系和精神文明建设中的总要求，“切实把社会主义核心价值体系融入国民教育和精神文明建设全过程，转化为人民的自觉追求”[1]。其中高校在社会主义核心价值观的普及教育中发挥极其重要的作用。高校思想政治教育理论课（以下简称“思政课”）承载了高校思想政治教育的主要任务，如何结合高校思政课教学培养当代大学生的核心价值观，探索当代大学生社会主义核心价值观建设的方式、方法等均是摆在思政课教育工作者面前的重要课题。基于此目的，课题组选取了本校2012级本科学生开展了此次调研，期于能窥斑见豹的探析中国高校大学生社会主义核心价值观的建设现状，并从中探索当代大学生社会主义核心价值观建设的路径与方法。

一、大学生社会主义核心价值观现状的调研概况

（一）调研的基本情况说明

核心价值体系是指在一个社会的价值体系中处于核心地位的人们价值观的根本内容，其能够科学地引领在一个社会中处于非核心地位的其他价值观的理念，确保一个社会和谐有序发展。而核心价值观则是指在一个国家和社会建设发展过程中居于主导地位的思想价值观理念，是人们对于自身社会价值的判断在意识形态上的反映。[2]社会主义核心价值观是当代大学生价值观体系建设的重中之重。大学生是中国未来建设和发展的主力军，因此了解和把握当代大学生的社会主义核心价值观现状具有重要的现实意义和实践价值。

为了准确了解当代大学生社会主义核心价值观的现状，课题组选取了黄山学院2012级533名学生进行了调研。总计发放问卷533份，回收有效问卷533份，

问卷有效回收率为100%。此次调研主要从当代大学生对社会主义核心价值观内涵的把握程度、获知途径、社会作用、理论意义与实践价值等多方面展开，并根据调研结果进行数据统计和学理分析。

（二）调研的结果与分析

1. 核心价值观内涵的认识方面

从调研的统计数据来看，学生对诸如中国梦的内涵、马克思主义理论含义和动态、改革开放的历史和现状、中国传统文化（以地区文化为代表）等社会主义核心价值观的内容了解基本处于一知半解的阶段。学生中有60%以上的人选择的是“部分了解”的选项，这意味着对社会主义核心价值观的建设和宣传虽然取得了一定的成绩，但是仍然有40%左右的学生对社会主义核心价值观的内涵处于模糊认知的阶段。后期加强建设和学习的任务仍然比较艰巨。对社会主义核心价值观内涵中包含的马克思主义、爱国主义和集体主义、民族精神和时代精神、社会主义荣辱观等方面内容有67%的学生能够清楚了解，但仍有33%的学生对社会主义核心价值观的内涵不能清晰了解和准确掌握。

2. 社会主义核心价值信息的获得路径方面

调研显示学生们的社会主义核心价值观的获知渠道呈现多元化，主要有如网络、电视、广播、报纸、书本等诸多渠道。超过51.4%的学生认同教师课堂教授马克思主义理论为其接受理论的主要途径，另有12.4%的同学选择自学马克思主义理论的方法。由此可以看出课堂传授马克思主义理论的重要性和必要性，针对有的学生对此产生的浓厚兴趣，并愿意通过自主学习来了解核心价值观行为要给予充分肯定，并加强相应的指导。

3. 中国传统文化和价值观的认知与传承方面

超过68.3%的学生对中国传统文化有些兴趣，26%的学生认为很有兴趣，但对于中国传统文化传承的现状学生认为情况不是很好，59.3%的学生认为是部分传承了，32.3%的学生认为很少传承了。从大学生对中国传统文化和传统价值观的传承方面来说，整体情况不是很乐观，学校、社会可提供学习的途径和方式都比较缺乏，导致学生们在兴趣和学习现实之间存在严重的脱节。

4. 学生的道德水平和信仰现状方面

从统计结果上来看，学生对其总体的道德水平和信仰现状评价都不是很高，认为学生总体道德水平一般的占59.3%，水平较高的占28.3%，仅有4.7%的学生认为学生总体的道德水平很高。大学生诚信观的认识也有一定的偏差，几乎100%的学生认同诚信很重要、学生需要坚守诚信，但是只有33.2%的学生选择无条件坚守，有62.7%的学生要具体问题具体分析的选择性坚守这一原则。在道德选择方面，更趋于功利性和个体化。

对于大学生的信仰方面，41.6%学生选择了马克思主义，但是自由主义居然也得到38%的学生认同。这一方面反映了90后的学生在刚离开家庭的管束，一个人在外求学，个体独立性增强后对自由的渴望；另一方面也反映了学生对自由主义本身的概念不是很了解，在新自由主义等社会思潮和纷繁复杂的网络信息影响下，加上学生求新、求异等年龄特点和性格特征，都驱使他们在价值观选择中呈现多元化趋势，价值观层次增多。

5. 学生的国家观、利益观方面

在谈及责任意识时候，学生普遍表现出了强烈的社会责任感、使命感和爱国主义情怀。47.5%认为大学生在实现中国梦的过程中是主人翁角色，46.5%的学生认为是参与角色。50.3%的学生认为个人利益与国家利益、集体利益出现冲突的时候可以放弃个人利益，41.5%的人则认为尽量考虑两者兼顾，但不考虑放弃个人利益。从学生的选择来看，较多学生反映的是对国家、集体和个人利益关系的正确处理和理性认识，但部分学生仍然体现出了对个人利益的偏重。学生的利益观呈现出从重义轻利到利义并重的变化。[3]这既体现了90后的大学生对自我利益的重视，对自我认知的高度认同，也体现了学生对国家、集体利益与个人利益之间发生冲突的时候，仍然会对个人利益有些侧重的倾向。

6. 开放性问题反馈方面

在开放性问题的反馈中，绝大多数同学都希望在大学中既学习到有用的专业知识，也希望能学到其他有用的社会技能、处理人际交往的能力等，反映出学生对大学学习普遍有所期许，在大学教育中能提升其全面能力。但在实际的学习过程中，学生多数会从考试结果出发选择任务轻、便于取得学分的课程或教师，而对实际的具有难度的工作，多数人不是很有兴趣，或有些畏难情绪。在当前核心价值观的教育过程中，多数学生反映出核心价值观的教育多停留在理论层面，在实际能力提升和实践经验积累方面，包括对个人价值观的形成方面作用不显著。

二、当代大学生核心价值观建设中存在的主要问题

从调研的结果来看，当代大学生的核心价值观建设中存在以下主要问题亟须解决：

（一）学生对核心价值观的核心涵义理解不准确

67%以上的学生了解社会主义核心价值观的基本内容，然而仍有33%左右的学生对此不是很明确，

60%左右的学生处于知其然而不知其所以然的阶段。鉴于学界对社会主义核心价值观的具体内涵有诸多的诠释，学生对社会主义核心价值观的内涵以及如何能实现社会主义核心价值观的途径和方法存在一定的困惑。这些直接导致了学生社会主义核心价值观建设过程中存在的两难困境，一方面多数学生认为加强社会主义核心价值观是十分必要的，另一方面对核心价值观内涵的了解模糊也造成学生在建立自身价值观的过程中不可避免地存在价值模糊，评判双重，价值观变化快、不稳定等问题。[4]

（二）多元思想文化影响学生核心价值观的建立

伴随我国社会转型的加速，社会的政治和文化体制改革也开始触及深水区。在多元思想文化的负面影响下，大学生在思想价值观上发生了巨大变化，他们不再崇尚传统思想文化中的道德评判标准，其传统的思想价值观念逐渐解体，多元思想价值观以及社会不良风气严重冲击并削弱一些大学生对价值观的鉴别能力。加上学生们原本对社会主义核心价值观的内涵把握不准确，这又进一步导致学生对核心价值观的误解。在改革开放浪潮的席卷下，多种社会思潮裹挟着自由、民主等貌似符合社会核心价值观的理念纷纷亮相我国，学生们在辨识和认知上都存在一定的难度。90后的学生解读社会和了解社会的重要途径除了课堂、校园、家庭之外更多的来自于网络。网络信息纷繁复杂，夹杂的各类不同的价值判断，而随着境外势力在网络信息上的有意识引导和渗透，市场经济导致一些网站在新闻报道和事实评论中具有“眼球经济”的选择倾向性，哗众取宠，偏离客观现实和传统价值，这些都极容易造成学生对社会主流价值观的认知混淆和误读，也增加了学生在社会主义核心价值观方面理解和践行的难度。

（三）学生普遍缺乏社会主义核心价值观的实践

学生们普遍认同当代大学生存在诸如道德缺失、厌学情绪、生活目标不明确、利己主义和功利主义思想等问题，但是学生多数认为针对大学生的社会主义核心价值观都建立在理论传授的基础上，只是从理论上认知了社会主义核心价值观，而无法准确体察出自己是否真正建立起符合社会主流价值观的价值体系。从核心价值观接受的主要路径来说，学生们基本都是在课堂上听教师讲授为主，社会主义核心价值观的教育比较抽象和枯燥，难以提起学生的学习兴趣。由于学生缺乏社会主义核心价值观相关的实践锻炼和培养，社会主义核心价值观的教育往往是从理论到理论，学生们仅限于“知”的层面，难以将“知”内化为“信”进而表现为“行”。“纸上得来终觉浅，绝知此事要躬行。”学生们从实践中感悟了才能发自内心地获得对社会主义核心价值观的理解和认同。从培养角度来说，针对不同学生的特点进行差异化实践教学既是思想政治教育能发挥重要作用的重点，也是能帮助学生实现“知行合一”的起点和关键点。

（四）学生的自我价值判断和价值认同度不高

从数据结果来看，学生们一方面对自己在大学生的价值观建设、社会适应能力、学习能力等方面的个人提升有一定的期待；另一个方面又不知该如何去实现自己的目标和期望，在理想与现实之间存在明显冲突的时候，学生普遍存在迷茫困惑感。同时大学生对诸如诚信等价值理念的认同度是比较高的，但在实际的利益面前应该如何取舍和选择最初的价值理念则同样存在困惑。当代大学生普遍存在信仰迷失、人格解体、拜金主义、享乐主义等不容乐观的问题，迫切需要构建大学生科学的价值观教育体系。[5]

（五）大学生在中国传统道德等文化传承中的作用不突出

从调查结果来看，大学生对中国的传统文化具有浓厚的兴趣，尤其是地区性特色文化。中国文化历史悠久，优秀的文化思想层出不穷，不断滋养着中国数千年的仁人志士。中国传统道德中蕴涵含丰富的伦理思想和为人处事的哲学。大学生作为我国思想文化的重要继承者，学习和了解中国的传统道德文化，继承和发扬优秀文化是责无旁贷的。但是，由于对传统文化多数学生都处于一知半解或知之甚少的状况，这使得他们难以发挥应有的作用。黄山学院地处非物质文化遗产丰富的古徽州地界，学生们对徽州地区的非物质文化遗产、徽商精神等都具有浓厚的兴趣，目前各个院系也在积极地调动学生参与古徽州文化传承与发展的积极性，也成为宣传和学习徽商“重信守义”等思想文化的重要基地。但在思政课上如何加强学生与中国地方性传统文化之间的契合，将类似徽学等中国传统思想文化纳入大学生价值观建设则是目前亟须考虑的问题之一。

三、培养大学生社会主义核心价值观的综合体系建设

（一）建设校园资源共享和师生互动的网络平台

培养大学生的社会主义核心价值观是一个系统的建设工程，需要一个综合各方资源的校级平台，既能帮助学生进行校内的沟通和交流，也能在课外协助学生解决思想困惑，构建核心价值观。具体的实践路径和方法可以是通过学校相关机构的配合建立联动平台，

构建校内外、院系之间的合作建设机制。特别是学生对社会热点问题所引发社会争议带来的思考，建设便于进行广泛探讨和学习的网络平台和校内互动平台，对于及时解决学生的思想困惑，引导其在争论和思考中逐步建立正确的核心价值观均有积极作用。针对思政课的学生人数众多、涉及的专业背景广泛、日常课堂教学时间有限等现状，网络平台的沟通可以最大化利用零散的时间，根据学生的不同特点、不同思想需求进行有针对性的教育与交流，增强师生之间的交流与互动。

（二）加强思政课内外对大学生核心价值观构建的引导

从学生层面来说，90后的大学生是伴随着网络时代成长起来的一代，信息来源的多元化也增强了学生对各种信息的采集、吸纳、融合和思考的能力。他们对新鲜事物和新思想具有求异和猎奇的心理，渴望与众不同，但另一方面他们也存在着思想不成熟，对多元化的信息处理缺乏客观、合理的解读路径与方法。对主流文化的逆反和对非主流文化的盲从都要求教师进行思想教育的时候抓住他们的年龄特点、成长背景和性格特征有的放矢，对主流文化与思想进行正面的引导和宣传，同时辅以一些社会实践活动进行引导。学生从中得出自己的理性判断，进而建立起自己的价值观。这比教师单纯的理论说教更具有说服力。

针对社会上多元的价值观如利己主义、享乐主义、功利主义、个人主义、新自由主义等，再加上社会现实、家庭环境等的影响，身处象牙塔中的学子，一边渴望早日融入社会，熟悉社会的基本运行法则，懂得民族大义、国家大爱，对国家、家庭、个人的责任和义务也十分明晰，另一方面却不知该如何融入社会，对道听途说来的“社会经验”和所谓的世俗价值观有着本能的抵触。这些都需要教师有针对性地进行引导，指明正确的方向、合理的路径、明确个人的价值观判断，帮助他们摆脱成长期阶段对生活、学习和未来就业的迷茫，也避免了因为不明所以而误入歧途的危险。

从教师层面来说，社会主义核心价值观的内涵要明悉。教师需与学生说明社会主义核心价值观和社会主义核心价值体系的具体内涵及其相互关系，在构建社会主义核心价值体系的过程中明确不同角度对其内核和要求的解读，如以人为本和人的自由全面发展的哲学层面解读；富强、民主、文明、和谐、自由、公正、共享、集体主义等政治层面的解读。[6]在对学生进行价值观教育的过程中，尽管核心价值观的内涵仍然存在争议，但普世价值和中国传统价值观等具有高度认同的价值体系内容可以对学生进行重点诠释，避免学生在价值观认知上的模糊不清与摇摆不定。

（三）探索“知行统一”的社会主义核心价值观培养途径

鉴于价值观建设是一个较为复杂的系统工程，存在一个思想内化的过程，需要学生“真懂、真信”作为“真行”的行为基础，有一个从理性认知量化积累到价值观建立的思想飞跃过程。由于学生个体的悟性和认知程度不同，价值观的建立也存在个体的差异性。同时，价值观具有一定的思想意识性，从外很难判断其建立的效果，这些都对教师的具体指导工作带来了难度。俗话说“听其言，观其行”，针对价值观建立教师也需要有一套自己的评判标准和教学模式才能真正将理性教育转化为学生们的实际行动，成为学生身体力行的思想体系。

探索“知行合一”的社会主义核心价值观的培养路径是当下思想政治教育的重点与难点。通过增加实践教学的课时，丰富实践课程的形式不失为促成“知行合一”的有效方式。我校曾多次组织学生进行全校性的杨业功纪念馆观后感论文评比、“学雷锋，谈体会”的大型交流竞赛活动等实践教学活动，这样的活动一方面检验了学生们在实践活动中体现出的价值观状况，另一方面也能帮助学生们在实践中提高自身的道德修养与思想水平。此类实践活动的效果也得到了学生们的喜爱和拥护。

（四）加强学生在地方性文化建设、发展和传承中的重要作用

大学生是中国传统文化传承与发展的重要继承者和接班人，从调查来看，绝大多数学生对传统文化具有浓厚的兴趣和学习的动力，但是学习的路径不明确，对传统文化的了解程度也是十分有限。徽文化，尤其徽州地区的非物质文化资源丰富，学校有良好的非物质文化研究和宣传的平台，可以借助这个平台组织学生参观、研究和学习黄山学院的非物质文化研究基地、徽州文书博物馆，黄山市徽州文化博物馆等中的丰富的非物质文化资源。在传承和发展中国传统文化的过程中，学生们深受徽州传统文化的熏陶，掌握徽商文化中的“重商、重义”的文化精髓，并能将其内化到核心价值观的建设中来，既能丰富核心价值观体系思想的内涵，同时也能传承中华优秀文化，一举两得！

参考文献：

[1] 胡锦涛．高举中国特色社会主义伟大旗帜为夺取全面建设小康社会新胜利而奋斗［M］．北京：人民出版社，2007.

[2] 马小华，赵亚军，郑丽波．文化强国视域下大学生核心价值观的缺失与重构［J］．前沿，2012（9）．

[3] 肖甫青．当代大学生价值观形成与变化的影

响因素及教育对策研究［D］．苏州：苏州大学出版社，2008.

［4］刘会亭，李春梅．当代大学生社会主义核心价值观教育研究综述［J］．中国电力教育，2011（2）．

［5］韩柏光．当代大学生价值观念的变化趋势［J］．长春工业大学学报，2004（3）．

［6］雷慧．国内关于提炼社会主义核心价值观研究综述［J］．理论观察，2012（5）．

依托地域资源　弘扬优秀传统文化

校园文化是大学生成长的文化土壤，是高校思想政治教育工作的重要载体。在校园文化建设中弘扬中华民族优秀传统文化，对于大学生健康成长，树立正确的世界观、人生观、价值观，坚定社会主义核心价值观都有着至关重要的作用。

黄山学院坐落在徽风皖韵文化底蕴厚重的黄山市，黄山市为古徽州的核心区域，博大精深的徽州文化成就了古徽州的辉煌，至今都让人为之自豪。徽州文化以儒家文化为内核，涵盖哲、经、史、医、科等诸多领域，体系极为完备。徽州文化受程朱理学的影响，历来重视儒家文化的推行，处处充满着励志修身的文化浸润。

徽州文化为学校提供了最为深厚的发展沃土和文化营养，是建设独具特色校园文化的优势资源。多年来，黄山学院高度重视优秀传统文化，特别是徽州文化在校园文化中的体现，将徽州文化的精华渗透到教育教学活动和校园生活的方方面面，让学生在潜移默化中汲取传统文化的精髓，培育“求真、吃苦、和合、诚信”的人格特质。

一、无声校园环境浸润徽州文化

渗透着传统文化底蕴的优美校园环境是校园环境文化育人功效的重要体现。作为一所地处古徽州的高等学府，黄山学院在建筑风格中一直追求统一的徽派建筑风格。徽派建筑是中国传统建筑最重要的流派之一，作为徽文化的重要组成部分，徽派建筑历来为中外建筑大师所推崇。学校在 2004 年之后的建筑风格均为现代徽派建筑风格，“马头墙、徽州格窗、坡屋顶、四水归堂”等元素抬头可见，已形成我校的建筑主体风格。学校大门左右各八根石柱，似一棵棵树木，喻示“十年树木，百年树人”；石柱表面为徽州石雕，体现徽派建筑文化；八根石柱又是“大学士牌坊”的建筑抽象。图书馆东立面由五组建筑组成，错落有致，虚实相间，构成“山”形，是一座蕴含“经史子集”的古老书山，又像是一座计算机芯片集成的数字时代的现代书山，象征着传统文化与现代文化的融合。图书馆的南立面的楼顶高低错落，层峦叠嶂，是徽派建筑马头墙的再现，是一排排巨大书架的缩影。为进一步统一校园建筑风格，学校对 2004 年之前的主体建筑进行“改徽”，使其外立面风格与 2004 年后的建筑风格相一致，体现徽州文化特色。

学校在校园整体规划、校园建筑整体布局、广场布置、道路命名、景观建设等方面也充分融入徽文化元素，让学生在浓郁的徽州文化氛围中接受熏陶。以徽州十大名人命名校内的主干道路，在教学楼前陈设陶行知雕像，精选部分徽州楹联和徽州名人名言作为南北区校园道路宣传警示牌内容。2010 年，学校建成“徽州文书博物馆”，该馆展示了 260 多件各具特色的徽州文书，面向校内各院部师生开放，徽州文书博物馆在宣扬传统文化、拓展徽州文化影响、熏陶学生思想文化素养方面，很好地起到了潜移默化的作用。2015 年成立徽州美术馆，为师生搭建文化艺术交流平台；建设徽派建筑展示厅，对内提供徽派建筑教学平台，对外提供徽派建筑展示窗口。学生在这样具有浓郁徽州文化气息的校园文化环境中学习生活，在潜移默化中领悟徽州文化的精髓。

学校选用徽州名人陶行知的名言“教人求真，学做真人”为校训，旨在倡导教、学、做等方面，求真务实，探寻真理，追求真知，做真善美之人。黄山学院精神则概括为“求真求是，博学厚德，百折不挠，负重前行”，以彰显徽州人胡适提出的“努力做徽骆驼”的精神价值。

二、有声课堂传播徽州文化

课堂是学校教育的主要手段，也是文化传播的重要载体。黄山学院注重徽州文化在日常教学活动中的体现。

学校积极推进徽州文化“进教材、进课堂、进头脑”工作，编写出版《徽州文化十二讲》，面向全体学生开设《徽州文化专题》课程，在大学生中普及徽州文化知识。精选研究地方传统文化的教师开设专题品牌课程，构建地方传统文化的知识体系，让学生能更全面、更深入的了解地方传统文化，在了解的基础上更自觉地运用传统文化。学校在12门专业中开设徽州文化相关的专业课程9门，如动画、产品设计、视觉传达设计、美术学等专业开设了《徽州民间工艺》；音乐学专业开设了《徽州民间音乐采风》；城乡规划专业开设了《徽州古村落规划》；建筑学、土木工程专业开设了《徽派建筑解析》《徽派建筑概论》；烹饪与营养教育专业开设了《安徽名菜》；休闲体育专业开设了《徽州民间体育项目》；汉语言文学专业开设了《徽州文学专题》；文化产业管理专业开设了《安徽非物质文化遗产专题》。

为激发同学们学习徽州文化的兴趣，学校邀请徽学专家来校进行讲学。徽州民歌传承人操明花、文化部非物质文化遗产司“中国非物质文化遗产生产性保护系列活动”组委会办公室主任孙冬宁教授、省级非物质文化遗产徽州竹雕代表性传承人郑岗、黄山市非物质文化遗产砚雕技艺代表性传承人江立明等先后来校讲学；聘请安徽省“非遗”徽派竹刻传承人洪建华为客座教授，教授大学生徽派竹木雕刻技艺，让“徽州三雕”民间传统工艺走进大学课堂。为培养学生对传统民间工艺的兴趣，学校先后为16位徽州民间工艺大师颁发“黄山学院安徽非物质文化遗产研究中心客座研究员”聘书，邀请他们定期来学校为艺术学院学生授课。

文化传播的效果如何，传播手段也是关键因素之一。如果仅仅依靠传统的填鸭式的课堂教学方式，势必会影响学生们学习传统文化的积极性和主动性。为创新徽州文化传播方式，扩大徽州文化传播范围，2014年，我校正式推出《徽州文化》慕课，《徽州文化》成为在线开放课程，方便全省乃至全国的大学生学习了解地方文化，增强对中国优秀传统文化的认知认同。

三、多样主题活动弘扬徽州文化

把优秀的地方传统文化寓教于各种校园文化活动中，让师生在活动中接受洗礼，是黄山学院弘扬优秀传统文化的又一手段。学校充分发挥第二课堂的育人功效，通过举办徽文化宣传体验系列活动、徽文化进小学、国学进小学、知识竞赛、汉字听写大赛、“青年心·中国梦”百场报告会、高雅艺术进校园、国学月、成人礼、我们一起过节、社团文化节、课外科技活动等，将以徽州文化为代表的中国传统文化寓教于乐，进一步降低了学生了解和把握传统文化的门槛，从而提高学生学习、了解和弘扬传统文化的热情。

积极引导学生立足地域文化资源优势，开展有意义的课外科技活动。2011 年 5 月，黄山学院文学院学生三走徽杭古道，徒步行程 60 公里以上，走访路会成员 56 人，对徽杭古道路会展开了一系列全面彻底的调查，其作品“徽杭古道路会调查”喜获全省第四届“挑战杯”一等奖，并入围“挑战杯”全国比赛。文学院学生还组建“文化遗产调查”小组，经过实地考察，形成《祁门马山目连戏现状调查》的调研报告，受到社会关注；旅游学院学生组成“徽菜和徽州民俗调查”小组，对徽菜及徽州民俗情况进行调查，挖掘民俗文化旅游资源，充实乡村旅游文化内涵。为秉承和弘扬徽州教育先贤陶行知先生“知行合一”的教育理念，思政部经过细致谋划，推出以“行知课堂”命名的暑期实践教学活动，开拓黄山学院思想政治理论课教育实践教学的新模式。

打造节庆教育主题活动工程，弘扬传统节庆文化。由校团委发起的“我们一起过节”大型文化体验活动，自 2012 年启动以来，深受同学们喜爱和青睐。通过举办“月饼 DIY”“中秋灯谜会”“中秋诗会”“赏景·赏月·赏影”等活动，营造深厚的节日气氛，弘扬了传统节庆文化。

举办徽文化宣传体验系列活动。通过举办大学生徽州文化故事秀、与徽州非遗传人面对面、徽州廉洁“家风”教育报告会、“醉美徽州”摄影展、“缤纷徽艺”等活动，让广大学生近距离体验感受博大精深的徽州文化，吸取徽州文化的思想精华和道德精髓，引导广大同学提升对优秀传统文化的认同感，坚定文化自信，自觉弘扬和传播中华优秀传统文化，积极践行社会主义核心价值观。

文学院开展“国学月”主题教育实践活动，弘扬优秀传统文化。在为期一个月的“国学月”主题教育实践活动中，举办了书画大赛、汉字听写大赛、国学知识竞赛、经典诗文朗诵、国学经典导读、相声专场演出等系列活动，积极引导青年大学生学习、传承国学精髓。

通过丰富多彩的主题活动，使学生对传统文化精髓的认识由浅入深，真正实现了好把握、易吸收、听得进、学得透。

四、在合作与交流中凸显传统文化魅力

要想在校园文化中更好地凸显传统文化魅力，单靠地域优势还不够，需要开展更加广泛的交流与合作，在中外文化交流碰撞中凸显传统文化的魅力。

黄山学院在弘扬优秀传统文化中坚持走出去、引进来，大力促进传统文化领域内的交流与合作。我校举办过“地域中国：民间文献的社会史解读”国际研讨会、“文化徽州与当代中国”学术研讨会、中韩青年人文论坛、韩国又松大学孔子学院徽文化夏令营、台湾大学生徽文化夏令营、国际文化沙龙、美国乡村音乐会等活动，搭建起文化交流的桥梁。此外，学校还与台湾实践大学、台湾新竹大学、韩国又松大学、韩国大邱韩医大学、美国摩海德州立大学等高校建立了友好校际往来，不定期地派出大学生文化研修团与这些学校的学生共同交流中国传统文化特别是徽州文化的发展，从新的视域去体验和解读传统文化，凸显传统文化的魅力。

依托地域优势　打造特色校园文化

高品位的校园文化能提升学校的品位和声誉，高层次的校园文化能提高大学生的素质和能力。我校坐落在自然风光旖旎的黄山脚下、徽风皖韵文化底蕴深厚的新安江畔。这里曾经孕育了博大精深、独具特色的徽文化。俗话说，“一方水土养一方人”，徽文化为学校提供了最为深厚的发展沃土和文化营养，是建设独具特色校园文化的优势资源。在校园文化建设中，黄山学院一直深受地域文化的滋养，遵循着“打好黄山牌，做好徽文章”的思路，在校园文化建设融入地域特色上进行着积极探索，并在校园文化精品建设上大胆创新，取得了一些成效。特色校园文化建设工程被列入我校地方应用型高水平大学建设的八大工程之一。

一、打造具有地域特色的校园环境文化，营造良好的育人环境

大学校园环境文化是大学教育中无声的课堂，是

一种影响人，塑造人的综合教育力量。我校坐落在风景如画的新安江畔，人文与自然的和谐之美是得天独厚的优势。我校在建设环境文化时努力做到：重视自然景观的保护和利用，融山水和人文于一炉，追求校在山中、楼在景中、人在画中的最佳效果。新区建设过程中，较好地保护了地形地貌，原有的山水景观得到了切实保护，600 多种各类树木植物增添了学校的生态之美。东边的听松湖，西边的浣云湖得到合理整治，亭、桥相嵌其间，自然的山、水、林和花草之景以其不可再生的独特性吸引着学子们感受校园之美。

环境文化重点体现在校园建筑上。按照保持徽派的统一风格，彰显徽州人文特色的要求，学校在校园整体规划、校园建筑整体布局、建筑形体、立面造型、广场布置、道路命名、景观建设等方面，充分融入徽州文化元素，彰显校园文化的地域特色，让学生在浓郁的地域文化氛围中接受教育。2004 年之后的建筑风格均为现代徽派建筑风格，“马头墙、徽州格窗、坡屋顶、四水归堂”等元素抬头可见，已形成我校的建筑主体风格。为了统一校园建筑风格，学校去年对外语楼外立面进行了“改徽”，改造后的外语楼整体风格与周围环境更加和谐。

学校大门左右各八根石柱，似一棵棵树木，喻示“十年树木，百年树人”；石柱表面为徽州石雕，体现徽派建筑文化；八根石柱又是“大学士牌坊”的建筑抽象。图书馆东立面由五组建筑组成，错落有致，虚实相间，构成“山”形，是一座蕴含“经史子集”的古老书山，又像是一座计算机芯片集成的数字时代的现代书山，象征着传统文化与现代文化融合一体。图书馆的南立面的楼顶高低错落，层峦叠嶂，是徽派建筑马头墙的再现，是一排排巨大书架的缩影。

校园内十条主干道路均以徽州名人命名并有人物简介，一教楼前安放的陶行知雕像，既是徽州文化的集中缩影，彰显校园的徽州文化特色，也是以这些名人教育启迪今天的学子们，努力学习，为国家做贡献。

下一步，学校还将对2004年前的建筑进行改造，使其外立面风格与2004年同济大学设计院设计的建筑风格相一致，体现徽州文化特色。当前，学校正着手对校园文化广场进行改造，拟在广场上安放徽州名人雕像、徽派盆景、徽州三雕等实物，营造更加浓郁的徽州文化特色氛围。

二、打造具有地域特色的校园精神文化，凸突精神文化魅力

依存于文化底蕴深厚的徽州文化并从中汲取营养是黄山学院培育自己校园精神的社会基础。徽州文化受程朱理学的影响，历来重视儒家文化的推行，处处充满着励志修身的文化浸润。多年以来，我校在大学

生中开设徽州文化选修课和专题讲座，邀请徽学专家进行讲学，让徽州“三雕”、徽菜制作、徽剧等走进大学生课堂，使广大学生受到徽文化的熏陶。成立“徽州学社”等学生社团组织，创办《徽州学》刊物，编写出版《徽州文化十二讲》。2014 年，我校完成《徽州文化》慕课制作并上线运行，向全体学生开放，在大学生中普及徽州文化知识，弘扬徽州文化。

在塑造校园精神文化方面，学校经过反复征求意见和论证，选用徽州名人陶行知的名言“教人求真，学做真人”为校训，寓意学校在办学中坚持以做为中心，实现教学做的合一。倡导老师要传真道、授真业、解真惑，学生要求真知、学真本领、养真道德，努力成为至真至美至善之人。黄山学院精神概括为“求真求是，博学厚德，百折不挠，负重前行”，以彰显徽州人胡适提出的“努力做徽骆驼”的精神价值。下一步，我们将继续丰富我校黄山学院精神的内涵，将黄山精神即“迎客松”的开放精神、徽骆驼的吃苦精神、徽州人的和合精神、古徽商的诚信精神融入其中，培育更具地域特色的大学精神，构建黄山学院人的精神家园。

三、打造校内文化艺术交流平台，陶冶师生道德情操

学校建设有徽州文书博物馆、徽州美术馆、徽派

建筑展示馆，为师生搭建文化艺术交流平台。

2010 年建成的“徽州文书博物馆”展示了 260 多件各具特色的徽州文书，面向校内各院部师生开放，至今总计接纳近 4000 人次参观学习。学生通过参观徽州文书博物馆，近距离地接触博大精深的徽州文化，加深了对传统文化、地域文化的了解和兴趣。同时，博物馆面向社会各界人士开放，2011 年 11 月成为黄山市爱国主义教育基地，成为我校对外交流的窗口之一，很好地将徽州文化影响、辐射至海内外。

2015 年 4 月，由我校校友张杰资助建设的“徽州美术馆”正式开馆。徽州美术馆是我校在省内高校中率先成立的正式艺术机构，面向校内外开放。美术馆集展览、典藏、交流、教学培训和艺术服务等多项功能于一体，成为学校传承和弘扬徽州文化精髓，体现民族传统性和时代创新性的艺术传播中心。

此外，我校还建有徽派建筑展示厅。展厅整体按照徽州街巷特征进行设计布局，内部陈设分为徽州村落与园林，祠堂、民居建筑与构造以及雕刻装饰构件三个单元，全面展示了徽州古建筑的魅力。

四、打造校园文化精品，丰富校园文化内涵

学校以社会主义核心价值观为统领，融合地方优

秀传统文化和红色文化，开展特色化、多样化、高品位的校园文化活动，打造校园文化精品，不断丰富校园文化内涵。

打造"双百工程"。"双百工程"即"百场报告会"和"百场巡演到基层"。2013 年启动的"青年心·中国梦"百场报告会邀请专家学者、党政干部、社会名人、青年典型、杰出校友等与大学生面对面交流，分享自己的梦想和为之奋斗的经历，引导大学生为梦想跋涉，为梦想奋斗，为梦想奉献，弘扬中国精神，凝聚中国力量。启动以来，举办大型报告会 100 余场，累计参与人数 3 万人次。

"百场巡演到基层"由校团委牵头各团总支，组织大学生艺术骨干奔赴徽州区、歙县、绩溪、屯溪区各社区开展巡演 30 余场，群众反映好，学生参与热情高，充分发挥了高校的文化传承功能，培养了学生艺术素养和基层情感。

打造"节文化"。先后打造"女生节""新生节""社团文化艺术节""我们一起过节"4 项"节文化"品牌。"女生节"已连续举办 8 届，每届历时一个月，通过举办化装现场秀、女性知识讲座、女性电影展播等一系列活动，彰显女大学生的风采，提高学生综合素质，活跃校园文化氛围。社团文化艺术节也连续开展了 8 届，每届历时一个月。连续两年在端午节、中秋节、国庆节期间举办"我们一起过节"活动，通过开展一系列丰富精彩、主题突出的校园文化活动，营造平安、温馨、快乐的校园文化氛围。“新生节”为新生搭建增进友谊与沟通交流的平台，帮助其更好地适应大学新生活。此外，由相关学院举办的“寝室文化节”“旅游文化节”“心理健康文化节”“科技文化节”等也备受学生关注，成为相关二级学院的“节文化”品牌。

积极组织学生开展红色文化教育活动。不定期组织学生参观新四军旧址、杨业功纪念馆，将杨业功纪念馆作为我校大学生思想政治教育的实践基地，让学生不断接受红色文化的洗礼。

积极引导学生立足地域文化资源优势，开展有意义的课外科技活动。2011 年 5 月，我校文学院学生三走徽杭古道，徒步行程 60 公里以上，走访路会成员 56 人，对徽杭古道路会展开了一系列全面彻底的调查，其作品“徽杭古道路会调查”喜获全省第四届“挑战杯”一等奖，并入围“挑战杯”全国比赛。该院学生还组建“文化遗产调查”小组，经过实地考察，形成《祁门马山目连戏现状调查》的调研报告，受到社会关注；旅游学院学生组成“徽菜和徽州民俗调查”小组，对徽菜及徽州民俗情况进行调查，挖掘民俗文化旅游资源，充实乡村旅游文化内涵。

五、网络思想政治教育

学校建有校园网站群，校园网站群是思想教育的主要载体和阵地；各院部和有关部门的子网站群开辟有思想政治教育栏目，直接服务于大学生思想教育；校团委、学生处、教务处、图书馆等单位开通了官方微信，各学院还利用飞信、博客、QQ、微信等平台，畅通与学生的联系和交流渠道，实现了网络思政教育活动经常化。但总体而言，网络思想政治教育目前还是我们的短板，网络思想政治教育的合力和感染力有待加强。

多方联动　协同推进　积极构建思想政治教育工作大格局

近年来，在安徽省委、省委教育工委的领导下，黄山学院紧紧围绕立德树人根本任务，根据新形势下高校思想政治工作的特点，注重体制机制建设、加强队伍建设、强化意识形态工作、坚定理想信念教育、文化育人、法治教育、服务育人等方面的创新，全校上下多方联动，协同推进，积极构建思想政治教育工作大格局。

一、注重思想认识和体制机制建设，不断加强对思想政治工作的组织领导

我校高度重视大学生思想政治教育工作，成立了大学生思政教育领导组、学工委、思政课教学指导委员会等领导指导组织；出台了意识形态工作责任制、

加强和改进政治理论学习、宣传思想工作、大学生思政教育、思政理论课教学、思政课教师队伍、辅导员队伍建设等制度文件，积极推进思想政治教育大格局建设，形成学校、相关部门、思政部、学院、班级之间相互联动的工作体系和机制，为大学生思政工作提供领导、组织、制度和机制保障。

二、注重理论武装和意识形态工作，不断深化理论学习教育，牢牢把握意识形态领导权、管理权和话语权

学校坚持用中国特色社会主义理论体系武装头脑，深入学习贯彻党的十八大和十八届三中、四中、五中、六中全会精神以及习近平总书记系列重要讲话精神，及时传达落实中央、省委省政府和省委教育工委、省教育厅的重要会议精神和重大决策部署。以创建学习型党组织、学习型领导班子为目标，进一步加强和改进党委理论学习中心组学习，成立校级和基层党总支（直属党支部）两级理论学习中心组，推动理论学习持久有效开展。

校党委在2016年初制定和印发了《黄山学院党委意识形态工作责任制实施方案》，成立了黄山学院意识形态工作责任制领导组，明确党委书记为意识形态

工作第一责任人，将意识形态工作纳入党委议事日程和工作重点，并将其纳入干部考核和年度目标考核，作为干部评价使用的重要依据。

召开落实意识形态工作责任制专题部署会，制定《黄山学院基层党组织、相关部门落实意识形态工作责任制任务清单》。定期组织相关部门和各学院认真调研和收集师生的思想动态并加以研判，密切关注师生思想动态的变化情况，有针对性地采取措施加强对广大师生的思想引领，切实维护和加强意识形态安全。坚持谁主管谁负责和属地管理、分级管理原则，严格校内宣传思想文化阵地管理。

三、注重队伍建设，
努力提高思政工作队伍能力

学校鼓励和支持思政工作人员参加各级各类培训和学术会议。2015 年以来，已有 20 余人次参加过省部级组织的培训、轮训。同时，每年组织党委理论学习中心组暑期专题培训班、思政课教师沙龙和论坛、新进辅导员业务培训和辅导员论坛、心理健康教育专项培训、国防教育培训等多种形式的校内培训，全面提高思政工作者的素质和能力。

启动了高校思想政治理论课教师国内访学计划，2015 年以来共安排 3 名高级访问学者；大力实施思政

项目振兴计划，2015 年省教育厅振兴计划思政项目，我校共立项 8 个，位居全省同类院校前列；选调优秀党员干部、团干、辅导员赴地方开展挂职锻炼，不断增强大学生思想政治教育工作队伍实践能力。

学校高度重视网络思想政治教育工作，建有黄山学院校园网站群、官方微信、微博；各院部和有关部门的子网站群开辟有思想政治教育栏目，直接服务于大学生思想教育，各学院还利用微信、辅导员博客、QQ 群等平台，畅通与学生的联系和交流渠道。校、院大学生思政网络工作平台均有专人负责，牢牢把握网络思政阵地主动权和话语权。

学校有较为完善的网络舆情监控工作机制。校党委宣传部有指定工作人员负责收集校园网、学生社区、微博、百度黄山学院贴吧等网络上师生对学校的意见和建议，及时反馈给学校领导，回应师生关切。

在学校绩效工资分配中，对大学生思政工作专职一线工作人员按照非教学人员享受校内岗位津贴；对思政工作兼职一线工作人员按照教学人员享受校内岗位津贴，在院部二次分配的调节津贴中予以体现。

对辅导员实行双重身份管理，辅导员既是教师又是管理干部，学校将辅导员队伍建设纳入师资队伍建设和学校党政管理干部培养总体规划。专职辅导员可按助教、讲师、副教授、教授要求评聘思想政治教育等相关学科的专业技术职务。学校在职称评审时，适当向专职辅导员倾斜，实行评聘指标单列。评审中充分考虑辅导员的工作特点，注重考察其思想政治素质、理论政策水平、从事思想政治工作和学生管理工作的实绩，特别是在关键时刻的表现和处理重大问题的能力，课时方面可以低于学校规定要求。学校专门制定了针对思政系列讲师的评分指导标准，成立了专职辅导员专业技术职务聘任组织，具体负责专职辅导员专业技术职务评审和聘任工作。

学校出台了《黄山学院管理服务优秀奖评选办法》，专职辅导员的评选和表彰单列；在教师进修的相关政策中，有专门针对专职辅导员进修的相关规定；在双能型师资培养方面，已认定从事思政教育的双能型教师 10 人，辅导员认定双能型教师的 6 人。

四、注重发挥思政课在大学生思想教育中的主阵地、主渠道作用，积极探索思政实践教学改革创新

为适应高校思政教育工作面临的新形势、新任务，我校不断加强思政理论课建设，提高思政理论课育人的实效性和针对性。依托皖南红色文化资源，积极推进实践教学改革创新，将红色文化资源课程化，每年组织学生分批次赴杨业功纪念馆和岩寺新四军军部旧址纪念馆参观学习，开展了“学习杨业功精神，践行

社会主义核心价值观”“弘扬铁军精神，感受峥嵘岁月”等主题实践教学活动。同时，通过“公益人士进课堂”“学长进课堂”方式，与学生近距离展开互动交流，提升了“思政课”的吸引力和影响力，为学生搭建了解社会、提升综合能力的平台。

为秉承和弘扬徽州教育先贤陶行知先生“知行合一”“教人求真，学做真人”的教育理念，马克思主义学院、宣传部、团委精心设计，推出以“行知课堂”命名的暑期实践教学活动。2016 年暑期，学校共遴选了 5 支实践团队共 72 人参加“行知课堂”暑期社会调查，由马克思主义学院理论水平高、社会实践指导经验丰富且具有教授职称、博士学位的老师担任指导教师并带队，实践团队深入基层一线，共提交 21 篇高质量的调研报告，开创了我校大学生社会实践的新模式。

五、注重理想信念教育，培育和践行社会主义核心价值观

以学习践行习近平总书记“五四讲话”精神为引领，积极推动中国特色社会主义理论体系和社会主义核心价值观“三进”工作，深入开展中国梦宣传教育，实施青年马克思主义者培养工程，开展了纪念中国共产党成立 95 周年、红军长征胜利 80 周年等系列

活动，大力开展青年志愿服务等社会实践活动，积极践行社会主义核心价值观。

2016年，学校牵头各学院团总支与黄山市机关、学校、社区签订了16项志愿服务合作项目；在暑期“三下乡”社会实践活动中，组建了1支国家级专项计划项目团队和12支校级重点团队，共计228名老师和学生奔赴农村、社区和学校，围绕“四个全面”战略布局，秉承创新、协调、绿色、开放、共享五大发展理念，开展了广泛而生动的暑期“三下乡”社会实践活动，服务当地经济社会发展，促进大学生在实践中成长成才，受到当地群众的好评，取得了良好效果。同时，继续实施“千名大学生志愿服务家乡计划”，共组织5800名青年学生利用家乡当地有利的实践资源，深化拓宽实践载体，实现社会实践全员覆盖。

六、注重文化育人，实践“以文化人以文育人”的育人理念

坚持文化育人，充分利用优秀传统文化和地方特色文化（如徽文化、“铁军精神”“杨业功精神”等），推进徽州文化“三进”工程，《徽州文化》慕课正式上线；打造节庆教育主题活动工程，弘扬传统节庆文化，举办大型校园文化活动“我们一起过节”；打造“双百工程”、举办校园歌手大赛、大学生辩论

赛，开展各类学科竞赛、文化讲坛等系列活动，让学生在活动中不断提高自身综合素质。

七、注重法治宣传教育，打造平安校园法治校园

深入学习宣传贯彻党的十八届四中全会精神、新修订的教育法和高等教育法、《黄山学院章程》，通过各级党委理论学习中心组专题学习、“大力弘扬法治精神，携手共建和谐校园”宣传互动等，深入推动“六五”普法工作，营造依法治校、依法治教、依法治学的法治校园氛围。

八、注重服务育人，为学生成长成才助力前行

成立了心理健康辅导中心，建立健全校、学院、班级三级预警机制和心理危机预防、干预体系，为大学生健康成长保驾护航。依托学生资助工作，积极开展学生诚信教育和感恩教育，引导学生成长成才。加强就业创业指导和培训，成立创新创业学院，搭建“大众创业、万众创新”平台，营造创新创业的良好氛围。

黄山学院创建第一届教育系统文明单位工作总结

黄山学院坐落在风景秀丽、文风馥郁的中国优秀旅游城市——安徽省黄山市。目前，学校分为南、北两个校区，现有校园面积1800多亩，在校学生18000多人，校园生态资源丰富、环境优美、人文底蕴深厚。2014年获批为第一届省教育系统文明单位立项建设以来，在省委教育工委、省教育厅的领导下，学校领导班子高度重视文明创建工作，切实加强对文明创建的领导和推动，广泛开展群众性精神文明创建活动，有力地推动了学校各项事业健康发展。近年来，学校文明创建成果显著，连续获得安徽省第九、十届文明单位称号，黄山市第八、九、十、十一届文明单位称号。现将黄山学院创建第一届省教育系统文明单位工作总结如下。

一、强领导，作表率，文明创建班子先行

（一）高度重视，切实加强对文明创建工作的领导

1. 加大文明创建领导力度。学校坚持把精神文明建设作为一项战略任务，纳入学校改革发展规划和年度工作要点并摆上重要议事日程。学校成立了以校党委书记为主任的精神文明建设委员会，下设办公室，配备了专兼职工作人员，强化文明创建校、院、班三级创建体系。在全校范围内形成了校党委统一领导、党政齐抓共管、文明委协调指导、宣传部牵头、院部各负其责、师生员工人人参与的精神文明建设领导体制。

2. 加强文明创建顶层设计。学校党政班子会议围绕精神文明建设问题，坚持定期研究、规划和部署文明创建工作。将“大学生人格素养提升工程”“特色校园文化建设工程”纳入地方应用型高水平大学建设“八大工程”之中，作为推进精神文明建设和地方应用型高水平大学建设的重要内容。

（二）率先垂范，充分发挥班子在精神文明建设中的带动作用

1. 强化理论武装，建设学习型党组织。坚持用中

国特色社会主义理论体系武装头脑，深入学习贯彻党的十八大和十八届三中、四中全会精神以及习近平总书记系列重要讲话精神，坚持立德树人，牢牢把握意识形态工作领导权，巩固思想政治教育主阵地。以创建学习型党组织、学习型领导班子为目标，不断深化党委理论学习中心组政治理论学习，全年共安排 16 个专题，开展了 12 次集中学习，举办 20 余次专家讲座和党员教育培训，推动理论学习持久有效开展。通过“贯彻总书记讲话精神，推动应用型转型发展”党委理论学习中心组专题培训班、教育思想观念大讨论活动等专题形式，加强学习思考、交流研讨、调查研究，广大干部明确了转型发展的形势、方向和目标，为推动全面建设地方应用型高水平大学统一了思想。

2. 强化制度建设，提高依法治校水平。认真组织学习《关于坚持和完善普通高等学校党委领导下的校长负责制的实施意见》，认真贯彻执行民主集中制原则，完善党委领导下的校长负责制，启动了大学章程制订工作，强化科学决策、民主决策、依法决策。深入学习贯彻党的十八届四中全会精神，落实全面依法治国要求，领导班子和领导干部带头尊法、学法、用法、守法，不断提高用法治思维和法治方式处理问题的意识，努力提高依法治校、依法治教、依法治学的能力和水平。

3. 强化作风建设，切实加强党风廉政建设。坚持从严治党，认真贯彻党风廉政建设党委主体责任和纪委监督责任，严格执行中央关于改进工作作风、密切联系群众的“八项规定”、省委“三十条”和省委教育工委相关规定，践行“三严三实”作风，纠正“四风”问题，切实巩固群众路线教育实践活动成果。通过召开党风廉政建设年度工作会议、举办处级干部专题培训班、组织处级以上干部参观杨业功纪念馆、观看廉政教育警示片、举办廉洁自律专题讲座等活动，不断强化作风建设。

（三）关注民生，切实解决师生最直接最关心的问题

学校注重将文明创建与推动实际工作相结合，与保障和改善民生相结合。近两年来，学校购置教学科研设备 7988.9 万元，图书约 13.5 万册，安排建设资金 1.27 亿元，开工建设 5 万平方米的教学实验实训中心，完成风雨操场、南校区宾虹路大门、27 栋、28 栋学生公寓、逸夫综合楼、大学生能力发展中心、工程实训中心等新建工程和北区教学楼、外语楼立面改造、篮球场塑胶运动地板、围网、运动场跑道等改造工程，教学条件和校园建设大为改善。

通过学校“两代会”、定期召开教师、统战代表、学生代表座谈会，认真收集师生关心的热点问题，积极落实“两代会”提案，及时回应师生关切。2014

年，圆满完成学生宿舍空调安装、校内食堂改造、校园饮水、教工住宅区天然气安装等工程，继续推进“知园”教工住房二期工程建设；关心师生健康，关爱困难师生和老同志，开展了系列帮扶济困和送温暖活动。

二、大格局、常态化，夯实基础保障有力

（一）健全文明创建机制和制度

1. 加强精神文明建设工作机制和制度建设。形成了党委统一领导、一把手亲自抓、分管领导直接抓、各责任单位齐抓共管的精神文明建设工作机制，健全完善相关制度，将年度工作细化、量化，层层分解，责任落实到各院部和个人，严格监管、严格考核，把精神文明建设纳入制度化、规范化、科学化的运行轨道。

2. 加强大学生思政工作机制和制度建设。学校高度重视大学生思想政治工作，成立了黄山学院大学生思想政治教育工作委员会，先后制定了《中共黄山学院委员会、黄山学院关于贯彻<中共中央国务院关于进一步加强和改进大学生思想政治教育的意见>的实施细则》《黄山学院“三育人”工作实施细则》《黄山学院思想政治理论课教学实施方案》《黄山学院关

于进一步加强辅导员队伍建设的若干意见》等系列制度，为大学生思想政治教育工作提供制度保障。

3. 加强文明创建常态化机制建设。按照“每天都是创建日”的要求，系统谋划创建工作，精神组织创建活动，常态化推进学习教育、思政工作、志愿活动和校园文化建设等创建工作。建立常态创建投入保障机制，每年划拨创建专项经费，保证创建工作的高效运行。通过定期检查督促、校园环境专项整治现场会等形式，开展常态化文明校园建设。

强有力地创建体制、机制建设，实现了精神文明建设工作常态化，有利推动了学校精神文明建设和文化建设。中央电视台、光明日报、人民网、光明网、中国文明网、网易、凤凰网、搜狐网等各大媒体对我校精神文明建设、文化建设以及思想政治工作进行了报道。

（二）加强文明创建队伍建设

以党团队伍、思政课教师队伍、辅导员队伍为重点，通过书记论坛、辅导员职业能力大赛、“学习朱长海，用心引导学生成长成才”辅导员论坛、思政课教师论坛等一系列活动，着力建设“政治意识好、责任意识强、理论水平高、业务水平精”的专兼职精神文明建设队伍，为精神文明建设提供了有力的队伍保障。

（三）加强宣传文化阵地建设

不断加强校报、校园网、校广播电台、宣传橱窗、户外电视大屏幕“五位一体”宣传文化阵地建设，积极探索传统媒体与新媒体融合，充分发挥校园宣传文化阵地在精神文明建设中的引导作用。通过庆祝中华人民共和国成立六十五周年、宣传十八届三、四中全会精神、学习优秀校友朱长海、先进集体及个人、管理服务优秀奖、教学优秀奖、大学生考研风采、建设法治中国等专题宣传报道，集聚传递正能量，推动促进文明创建。及时维护和更新由省委宣传部、省文明办主办的“文明单位大展台”网站群中黄山学院网页，共发布图文信息850余条，视频20余部，对外充分展示了我校开展文明创建活动的最新成果。

三、正导向，广覆盖，思政教育突出引领

（一）培育和践行社会主义核心价值观，强化理想信念教育

牢牢把握社会主义办学方向，坚持以立德树人为根本，紧紧围绕地方应用型高水平大学建设的培养目标，坚持“育人为本，德育为先”的教育理念，不断加强大学生思想政治教育工作。

1. 强化思想引领。以学习践行习近平总书记“五四讲话”精神为引领，积极推动社会主义核心价值观“三进”工作，深入开展社会主义核心价值观主题系列教育活动，在大学生入学教育、日常教育、毕业教育中加强社会主义核心价值观的培育和践行，其中我校“双百工程”（“青年心·中国梦”百场报告会、百场巡演到基层）文化品牌育人工作参加全国高校典型发言，得到共青团中央学校部的肯定。

2. 将培育和践行社会主义核心价值观融入校园文化建设。通过“欢庆祖国六十五华诞，培育践行核心价值观”诗文朗诵大赛、“弘扬中华传统文化，践行社会主义核心价值观”迎国庆剪纸精品展、“实现中国梦，青春勇担当”迎新年文艺汇演等活动打造精品校园文化，2014 年在大学生艺术展演中，我校喜获全国二等奖 1 件，全省一等奖 2 件；我校微电影作品获全国第四届大学生艺术展演二等奖。

3. 以特色活动为载体，践行社会主义核心价值观。通过青年志愿服务、特色党团主题活动、美好乡村义务支教等社会实践活动，践行社会主义核心价值观。

（二）深入开展廉洁文化和法治宣传教育

1. 大力开展师生廉洁文化教育。通过优秀廉政党课讲稿征集评选活动、举办“学法、守法、崇廉、尚洁”廉政文化书画展、举办“清廉中国”艺术作品展、“法制安全宣传一条街”等一系列廉洁文化宣传教育活动，丰富我校省级廉政文化建设示范点的内涵，营造良好的廉洁校园文化氛围。在2014年全国高校廉政文化作品征集评选中，我校有5件优秀廉政文化作品入围全国大赛，其中2件作品分获一等奖和二等奖。

2. 深入推进法治宣传教育。深入学习宣传贯彻党的十八届四中全会精神，通过“大力弘扬法治精神，携手共建和谐校园”宣传互动、举行“宪法学习”交流分享会、十八届四中全会精神知识竞赛等活动，认真推动“六五”普法工作，营造守法光荣、违法可耻的法治校园氛围。

（三）大力加强师德师风教育

1. 抓好教职工政治理论学习。以深入学习宣传贯彻党的十八大和十八届三中、四中全会精神，习近平总书记系列重要讲话精神，社会主义核心价值观以及全国全省“两会”精神为重点，紧紧围绕学校中心工作，以地方应用型高水平大学建设和学校第五次教育思想大讨论为契机，组织广大教职工深入开展好相关理论、政策的学习研讨，为推进学校事业又好又快发展提供重要的思想保证、理论支持和创新动力。

2. 抓好师德师风建设。为认真贯彻《关于建立健全高校师德建设长效机制的意见》，学校出台专门规定，将教师职业道德素养问题，纳入年终考核，实行一票否决制。组织教职工对习近平总书记教师节重要讲话，教育部“红七条”进行专题学习，要求广大教师自觉践行“有理想信念”“有道德情操”“有扎实学识”“有仁爱之心”的“四有”标准，并通过举办“表彰先进，共话师德”教师节座谈会暨表彰会、“学习朱长海，共筑师德魂”学习交流会、师德先进个人和师德标兵评选、“做党和人民满意好老师”校内评选等活动，激励广大教师爱岗敬业、以身立教、严谨治学。全面加强师德师风建设，2014 年我校共 5 人获全省教育系统先进工作者、全省优秀教师等 6 项省级表彰；2014 年 11 月我校参加“全国新建本科院校青年教师思想政治建设与成长发展研讨会”并作大会交流发言。

（四）充分发挥思政理论课在大学生思政教育中的主阵地作用

学校不断加强思政理论课建设，提高思政理论课育人的实效性和针对性。将《马克思主义基本原理概论》《思想道德修养与法律基础》《中国近现代史纲要》《毛泽东思想和中国特色社会主义理论体系概论》四门主要课程全部作为校级精品课程建设，形势政策教育采取由思政部集中组织与各院部分散组织相结合的“3+3”模式，形成了教学形式多样，学校、相关职能部门和各院部齐抓共管的局面，提高了教育教学效果。

依托皖南红色文化资源，积极推进实践教学改革创新，将红色文化资源课程化，每年组织学生分批次赴杨业功纪念馆和岩寺新四军军部旧址纪念馆参观学习，开展了“学习杨业功精神，践行社会主义核心价值观”“弘扬铁军精神，感受峥嵘岁月”等主题实践教学活动。这种将地方红色文化资源纳入到高校大学生思想政治理论课程、实现常态化教学的做法和成果，受到中央电视台关注，央视综合新闻频道、军事频道的记者专程来我校进行采访拍摄活动，并在中央电视台军事频道播出。

（五）强化大学生文明养成教育和心理健康教育

1. 发挥典型引领示范作用，加强文明养成教育。通过开展校园“自强之星”“十佳青年”“百炼之星”以及“我推荐、我评议身边好人”、推荐“道德模范”“身边感动人物”等活动，以身边典型的先进事迹感召和激励青年学子，深化典型引领示范作用。开展大学生公德风貌“随手拍”优秀图片展、“挂牌亮相展风采，文明宿舍我先行”“讲文明、树新风”公益广告征集评选、“我爱我家，文明寝室”寝室装饰大赛等特色文明养成活动引领大学生文明素质提升。

2. 强化心理健康教育，为学生成长保驾护航。学校成立心理健康辅导中心，建立健全校、学院、班级三级预警机制和心理危机预防、干预体系，选拔班级心理委员并进行培训，通过“大学生心理健康文化节”、心理健康讲座、心理素质拓展训练、心理情景剧专场演出等活动，为大学生健康成长保驾护航。

四、提内涵，创特色，文化育人打造亮点

（一）大学精神、大学文化建设融入地方文化特色，建设人文校园

在大学精神和大学文化建设中融入和践行“黄山松精神”“徽骆驼精神”，选用徽州名人陶行知的名言“教人求真，学做真人”作为校训，在教学楼前树立陶行知雕像，以徽州十大名人命名校内的主干道路，推进徽州文化“进教材、进课堂、进头脑”，校园景观建设彰显徽州文化元素，徽州美术馆、徽派建筑文化展示馆相继落成，通过特色鲜明的校园文化建设，引导教育当代大学生探寻真理，追求真知，求真务实，做真善美之人，鼓励学子们刻苦钻研，立志成才，服务人民，报效国家。

（二）以“三化”工程为重点，建设美丽校园

我校以校园净化、绿化、亮化“三化”工程为重点，通过开展第二十六个爱国卫生月和第五个爱国卫生法制宣传周等活动，抓好校园公共环境卫生的整治，

净化校园和公寓环境。通过提高校园绿化美化的品位和质量，加强绿化养护与环境管理等手段，打造绿化校园，全年完成4500平方米的绿化工程，栽种香樟杜鹃等树种8500余株。通过科学规划，高标准实施道路照明、景观亮化工程。2014年，完成南校区82套LED路灯的改造，对北区路灯、教室日光灯全部进行更换，打造亮化校园。

（三）以安全教育为重点，建设平安校园

通过强化党政统一领导，各院部、部门包保落实，师生全员共同参与的综合治理工作格局。突出网络、消防、交通、防盗防骗、反传销、反恐防暴教育，构建“安全三级联防”体系，采取治安巡逻、校警联动等举措，全面开展校园交通安全整治、校园周边环境整治、消防安全整治专项行动，平安校园建设取得明显成效，学校获全省平安校园建设优秀成果二等奖；同时加大投入力度，完善校园技防体系。总投资430余万元的安保中心和数字化平安校园系统投入使用，校园新增红外摄像机467个，37对红外对射报警系统，有力保障了平安校园建设。

（四）以节约公共机构示范创建单位为推动，建设节约校园

通过广泛开展“三节”活动、“千万青少年光盘行动微博接力”主题系列活动、公共机构节能宣传作品征集等活动，加强节约节能宣传，并加大经费投入，在节能设备技术更新改造、节能新产品推广使用、新能源利用、节能监管等方面都取得了明显的进展。我校被省机关事务管理局、省发改委、省财政厅确定为安徽省第二批节约型公共机构示范创建单位，同时被确定为国家级第二批节约型公共机构示范创建单位。

（五）以倡导师生读书、爱书为抓手，建设书香校园

通过读者服务宣传月、“点燃阅读激情，共建书香校园”世界读书日活动、“寻找最美读书天使”抓拍大赛、“你的眼光，我的选择”读者荐书活动、“读者之星”评选等系列活动，努力建设书香校园。

五、铸爱心，拓平台，志愿精神儒养青春

（一）多措并举，推动学雷锋志愿活动常态化

通过开展“志愿服务与我的中国梦”大讨论、“20 年后，我的志愿服务”主题征文、表彰年度“学雷锋标兵”“十佳志愿者服务队”“学雷锋微博报”活动、设立“学雷锋广场”、将每双周周六定为“志愿服务日”、开展特色团日活动、深入属地社区开展科

普宣传、外语培训、计算机培训、环保宣传、心理疏导、助残扶困、学业辅导、爱心捐赠等形式多样、内容丰富的志愿服务活动，以实际行动践行雷锋精神。

（二）创新模式，拓宽大学生暑期社会实践平台

积极创新思路和模式，拓宽志愿服务新平台，围绕“为祖国勤学修德、以实践明辨笃实”主题，全校共组建8支校级重点团队，分赴黄山市及周边区县，开展暑期社会实践活动；组织实施“千名大学生服务家乡计划”，动员全校学生利用假期，参与到志愿服务行列，弘扬志愿精神，服务家乡，回报社会，并组织“实践归来话成就”报告会，分享广大青年学生回到家乡服务、深入基层调研的收获；启动“百场巡演到基层”活动，组织大学生艺术骨干先后奔赴徽州区、歙县、绩溪，在高尔夫酒店开展巡演18场次，观看人数千余人次，群众反映好；我校志愿者第三次赴台开展志愿服务，为增进海峡两岸大学生的友谊起了积极作用；我校志愿者主动服务南京青奥会，助力南京地铁安检一线，为平安青奥护航。

（三）服务地方，增强志愿服务影响力

我校积极融入和支持地方经济发展，为在黄山市举办的具有较大影响力的活动提供志愿服务，组织学生参加首届中国齐云山国际养生万人徒步大会和中国黄山太平湖首届自行车环湖骑行大会，选派学生为全国游泳锦标赛、第十二届建桥杯中国女子围棋公开赛决赛和第四届黄山市新安江龙舟赛提供志愿服务活动，选派学生代表黄山市参加全省少数民族运动会并取得骄人成绩。通过高质量的志愿服务，展现了黄山学院的精神风貌和良好形象，为学校赢得了声誉，扩大了学校的影响力。

六、重大局，求实效，服务中心促进发展

通过广泛深入的精神文明创建工作，全校师生员工积极进取，共同努力，学校各项事业取得了长足进步，呈现出和谐共进、稳步发展的喜人态势。学校成功获批地方应用型高水平大学建设项目，顺利进入全省应用型本科教育第一梯队；学校获批为省级普通高校大学生创新创业教育示范校，创新创业教育成效明显；切实加强基层组织和干部队伍建设，圆满完成基层党组织和基层工会组织换届；深入推进课堂教学改革、特色专业和特色课程建设，教育教学改革不断深入，人才培养质量显著提升，2014 年，毕业生初次就业率 91. 3%，学校连续五年被评为“安徽省毕业生就业工作先进集体”，连续三年被评为“安徽省毕业生就业工作标兵单位”；创新应用型教师培养模式，师资队伍建设稳步推进；留学生规模实现稳步增长，中

法酒店管理专业迎来首批学生，对外合作与交流步伐不断加快；历史学科首次获批国家社科基金立项，化学及林学学科首次获批国家自然基金立项，教师首获省级社科二等奖，科研工作取得新突破；广泛开展校地合作调研，产学研合作不断深入；学生参加国家级竞赛 6 项，获得奖项 19 项，科技竞赛硕果累累，学生综合素质不断提升。

七、文明创建工作的不足和打算

我校在创建各级文明单位工作中取得了一些成绩，但仍存在一些不足，主要表现在：一是文明创建工作机制需要进一步完善；二是文明创建活动需要进一步丰富；三是广大师生的创建意识有待进一步增强。

下一步，我校将进一步健全文明创建工作机制，不断形成全校师生参与文明创建工作的强大合力，同时，加大文明创建宣传教育工作力度，进一步提升师生文明创建意识，创新工作思路，开展富有特色的创建活动，在增质提效上下功夫。

突出引领　全面融入　务实培育和践行社会主义核心价值观取得实效

省委教育工委《关于教育系统培育和践行社会主义核心价值观的实施意见》出台以来，黄山学院在省教育工委的领导下，围绕立德树人根本任务，牢牢把握高校核心价值观长效机制构建的几个关键点，通过五个“强化”，推动社会主义核心价值观全方位融入学校教育教学活动的各个环节，引导广大师生深刻理解核心价值观的历史渊源、科学内涵、精神实质和基本要求，提高广大师生对核心价值观的认同度。

一、强化组织领导，确保培育和践行社会主义核心价值观教育强力推进

我校党委高度重视培育和践行社会主义核心价值观教育工作，省委教育工委《关于教育系统培育和践

行社会主义核心价值观的实施意见》出台以来，学校大学生思想政治教育工作委员会召开专门会议，专题讨论、研究培育和践行社会主义核心价值观工作在全校的推进，对社会主义核心价值观教育如何融入大学生思想政治教育作出部署和安排。

结合两办印发的《关于进一步加强和改进新形势下高校宣传思想工作的意见》，今年学校提出了《以黄山学院精神为主线构建宣传思想政治教育大格局方案》，进一步提高大学生思想政治教育工作的针对性和实效性。社会主义核心价值观融入大学生思想政治教育工作是一项系统工程，目前全校上下联动，党政群齐抓共管，明确各院部、各部门的职责和任务，认真谋划宣传思想政治教育工作大格局建设，以形成大学生思想政治教育的强大合力。

二、强化“思政课”在高校培育和践行社会主义核心价值观中的主阵地作用

实施意见出台以来，我校大学生思想政治教育工作委员会召开专门会议，要求不断加强思政理论课建设，提高思政理论课育人的实效性和针对性。将《马克思主义基本原理概论》《思想道德修养与法律基础》《中国近现代史纲要》《毛泽东思想和中国特色社会主义理论体系概论》四门主要课程全部作为校级精品课

程建设，形势政策教育采取由思政部集中组织与各院部分散组织相结合的“3+3”模式，形成了教学形式多样，学校、相关职能部门和各院部齐抓共管的局面，提高了教育教学效果。

我校依托皖南红色文化资源，积极推进实践教学改革创新。将红色文化资源课程化，每年组织学生分批次赴杨业功纪念馆和岩寺新四军军部旧址纪念馆参观学习，开展了“学习杨业功精神，践行社会主义核心价值观”“弘扬铁军精神，感受峥嵘岁月”等主题实践教学活动。这种将地方红色文化资源纳入到高校大学生思想政治理论课程、实现常态化教学的做法和成果，受到中央电视台关注，央视综合新闻频道、军事频道的记者专程来我校进行采访拍摄活动，并在中央电视台军事频道播出。

三、强化社会主义核心价值观教育在融入实践育人功能中的重要作用

1. 多措并举，推动学雷锋志愿活动常态化。通过开展“志愿服务与我的中国梦”大讨论、“20 年后，我的志愿服务”主题征文、表彰年度“学雷锋标兵”“十佳志愿者服务队”“学雷锋微博报”活动、设立“学雷锋广场”、将每双周周六定为“志愿服务日”、开展特色团日活动、深入属地社区开展科普宣传、外

语培训、计算机培训、环保宣传、心理疏导、助残扶困、学业辅导、爱心捐赠等形式多样、内容丰富的志愿服务活动，以实际行动践行雷锋精神。

2. 创新模式，拓宽大学生暑期社会实践平台。积极创新思路和模式，拓宽志愿服务新平台，围绕“为祖国勤学修德、以实践明辨笃实”主题，全校共组建8 支校级重点团队，分赴黄山市及周边区县，开展暑期社会实践活动；组织实施“千名大学生服务家乡计划”，动员全校学生利用假期，参与到志愿服务行列，弘扬志愿精神，服务家乡，回报社会，并组织“实践归来话成就”报告会，分享广大青年学生回到家乡服务、深入基层调研的收获；启动“百场巡演到基层”活动，组织大学生艺术骨干先后奔赴徽州区、歙县、绩溪，在高尔夫酒店开展巡演 18 场次，观看人数千余人次，群众反映好；我校志愿者第三次赴台开展志愿服务，为增进海峡两岸大学生的友谊起了积极作用；我校志愿者主动服务南京青奥会，助力南京地铁安检一线，为平安青奥护航。

3. 服务地方，增强志愿服务影响力。我校积极融入和支持地方经济发展，为在黄山市举办的具有较大影响力的活动提供志愿服务，组织学生参加首届中国齐云山国际养生万人徒步大会和中国黄山太平湖首届自行车环湖骑行大会，选派学生为全国游泳锦标赛、第十二届建桥杯中国女子围棋公开赛决赛和第四届黄山市新安江龙舟赛提供志愿服务活动，选派学生代表黄山市参加全省少数民族运动会并取得骄人成绩。通过高质量的志愿服务，展现了黄山学院的精神风貌和良好形象，为学校赢得了声誉，扩大了学校的影响力。

四、强化社会主义核心价值观教育在校园文化建设中的引领作用

学校牢牢把握社会主义办学方向，坚持以立德树人为根本，紧紧围绕地方应用型高水平大学建设的培养目标，坚持“育人为本，德育为先”的教育理念，不断加强校园文化建设。

1. 强化思想引领。以学习践行习近平总书记“五四讲话”精神为引领，积极推动社会主义核心价值观“三进”工作，深入开展社会主义核心价值观主题系列教育活动，在大学生入学教育、日常教育、毕业教育中加强社会主义核心价值观的培育和践行，其中我校“双百工程”（“青年心·中国梦”百场报告会、百场巡演到基层）文化品牌育人工作参加全国高校典型发言，得到共青团中央学校部的肯定。

2. 将培育和践行社会主义核心价值观融入校园文化建设。通过“欢庆祖国六十五华诞，培育践行核心价值观”诗文朗诵大赛、“弘扬中华传统文化，践行社会主义核心价值观”迎国庆剪纸精品展、“实现中

国梦，青春勇担当”迎新年文艺汇演等活动打造精品校园文化，2014 年在大学生艺术展演中，我校喜获全国二等奖 1 件，全省一等奖 2 件。

3. 以核心价值观教育为引领，抓好师德师风建设。学校出台专门规定，将教师职业道德素养问题，纳入年终考核，实行一票否决制。组织教职工对习近平总书记教师节重要讲话、教育部“红七条”进行专题学习，要求广大教师自觉践行“有理想信念”“有道德情操”“有扎实学识”“有仁爱之心”的“四有”标准，并通过举办“表彰先进，共话师德”教师节座谈会暨表彰会、“学习朱长海，共筑师德魂”学习交流会、师德先进个人和师德标兵评选、“做党和人民满意好老师”校内评选等活动，激励广大教师爱岗敬业、以身立教，严谨治学，全面加强师德师风建设。2014 年我校共 5 人获全省教育系统先进工作者、全省优秀教师等 6 项省级表彰。2014 年 11 月我校参加“全国新建本科院校青年教师思想政治建设与成长发展研讨会”并作大会交流发言。

五、强化社会主义核心价值观教育与大学生创新创业教育的有效融合

近年来，我校多措并举推进新常态下的就业创业工作，始终将毕业生创业就业工作作为“一把手工

程”长抓不懈，“双创”并重，以创业带动就业，形成“大众创业，万众创新”的良好局面。经过长期探索，逐步形成“四气合力，四轮驱动”的创业就业工作体系，有效地促进了我校的人才培养质量和创业就业工作，学生就业能力持续提高，就业质量稳步提升。我校创业就业工作取得骄人的成绩，2014 年，学校被评为安徽省大学生创新创业教育示范校；在 2013 年、2014 年全省高校教师创业指导课大赛中，我校方兴林老师、金美东老师分别获一等奖，学校均获最佳组织奖。近三年，学校学生 12 次在省级以上创业大赛中获奖。今年 6 月，学校喜获 2015 年度全国毕业生就业典型经验高校荣誉称号。

在当前“大众创业，万众创新”的良好氛围下，广大学生的创新创业热情得到了有效激发，如何克服大学生在创新创业的过程中的功利化现象，成为当前高校大学生创新创业面临的一项重要课题。为此，学校紧紧依托地域资源，以黄山精神为统领，将社会主义核心价值观的内涵与迎客松的开放精神、徽骆驼的吃苦精神、徽州人的和合精神、古徽商的诚信精神相结合，并融入创新创业人才培养，面向全体学生开设《徽州文化》必修课程，在建筑学、园林、艺术设计等多个专业创新创业教育中传承与吸收徽州文化。在徽文化的滋养下，学生形成了重务实、能吃苦、讲团结、有诚信的优秀品质。

论　　文

大学文化与地域文化的耦合建构研究

徐成钢

摘　要：大学文化与地域文化作为社会文化体系中两种共存的亚文化，在长期的相互作用与内部运动中，相互获取新的要素不断变革，不断形成文化的新特质、新形态和新功能。大学文化具有唯理性、整体性、开放性的特质。地域文化则有地域性、亲缘性、潜在性、乡土性和传统性的特质。大学文化与地域文化的耦合关联，就是在大学文化与地域文化的形成、发展演化的过程中，二者之间的相互作用和相互影响的非线性关系总和。从黄山学院的徽文化建设实践来看，大学文化与地域文化耦合的实现路径包括相融共生、汲取内化、辐射引领。

关键词： 大学文化；地域文化；耦合

从词源学角度看，“文化”包含耕作、培养、教育、发展与尊重的意思。从功用价值角度看，文化在于“文而化之”。民族的复兴要有文化的繁荣，区域的崛起要有文化的支撑。大学文化建设是高校走向文化自觉的重要表现，对地域文化传承、建设与发展具有强烈的对流和辐射作用。大学文化与地域文化作为社会文化体系中两种共存的亚文化，在长期的相互作用与内部运动中，相互获取新的要素不断变革，不断形成文化的新特质、新形态和新功能。

一、大学文化及其特质

大学文化是大学人在长期的教育教学实践中共同创造、共同遵循和分享的文化形态；是大学人在大学里的一切活动方式、活动过程与活动结果的综合；是精神文化、制度文化、环境文化与行为文化的有机统一[1]。独特的文化主体，深厚的历史渊源，高度的精神凝聚，丰富的内容构成，使大学文化不仅具有文化的所有共性，更具有独特的文化品质与个性魅力。概括起来主要体现在：

1. 唯理性

大学文化是一种独特的文化形态，是具有较强学术性的高层次文化。大学是知识分子的精英集聚地，是崇尚学术科学、探索真理真知、追求高尚美好、敢于批判借鉴的引领者、推动者、行动者；大学具有积极进取的优良传统、意识和精神。文化是大学之魂，大学是一种文化和精神的存在，大学的本质就是一种功能独特的文化组织[2]。这是所有大学的应然共知。即使一些新建的应用型地方高校，在以大学精神为核心的大学文化建设和形成方面也是高度关注并积极行动的。有意识、有目的的积极建设，多元化的思想碰撞，多层次的主体参与，以及长期的凝练和积淀，赋予了大学文化神圣的价值理性。正如德国教育理论家雅斯贝斯所说，“大学是个公开追求真理的场所，所有的研究机会都要为真理服务，在大学里追求真理是人们精神的基本要求”[3]。

2. 整体性

虽然孤立或绝对独立的文化是不存在的，任何文化形态都是在既有的文化成果上建立和发展起来的，在形成发展的过程中，天生具有交融性和创新性。但相对于其他文化而言，大学文化具有相对的整体性。其表现在大学文化具有一脉相承的发展历程。大学文化都有自己特定发轫和形成过程，通常都在基于特定的办学目标、办学定位、办学理念、人才培养等顶层设计的基础上，经历特定的发展阶段，逐步形成具有各自特征的文化体系。大学文化具有贯穿始终的大学精神。大学精神是大学文化的内核，是大学文化的灵魂，任何一所大学的文化都自发或自觉地围绕自己的文化内核，进行着自己相对集聚的大学文化建设。大学文化具有相对同质的文化主体。大学人是大学文化的主体。大学文化体现的是大学人的思维习惯、行为方式以及文化认同感。从这个意义上说，大学文化建设的主体相对单纯。虽然主体文化认同方面存在着一定的差异或冲突，但总体而言，共性占据优势。大学文化具有一定程度的文化壁垒。大学相对固定的空间范围，相对独立的责任使命，在一定程度上为大学文化遭受外界文化的对流转化、冲突颠覆提供了保护壁垒。大学文化具有相对完善的文化体系。大学文化一般从体系结构上，均包含精神文化、制度文化、环境文化、行为文化等结构元素，并相互联系，相互融合，构成具有系统性、逻辑严谨的大学文化有机整体。

3. 开放性

大学文化是一种开放性文化。高等教育承担着文化传承与创新功能。既要对既有文化传统进行梳理与整合，更要对其进行凝聚和升华。“面向未来、面向现代化”“百花齐放、百家争鸣”“古为今用、洋为中用”等基本原则，无疑已成为大学文化建设的根本原则[4]。一般来说，大学文化总是在力图超越那种封闭、狭隘、主观的认识习惯，以开阔的胸襟和科学的态度去认识世界、探求真理、服务社会。大学文化开放性特质的形成，主要基于以下因素：第一，大学文化主体的创造性。大学文化主体主要是大学师生，具有不同的文化背景、成长环境，具有活跃的思维和志趣爱好，善于创造，勇于创新，具有强烈的批判意识和前瞻意识。第二，大学文化体系的包容性。接受异质文化的精华，是大学文化的优秀特质，大学不仅是先进文化的继承者、传播者，更是创造者。第三，大学文化服务大众的自觉性。大学文化始终面向社会，服务群众，不仅是社会思潮的引领者，社会主流文化的重要支撑，更是人民群众精神需要的重要来源。关注文化需求，关注文化前沿，与时俱进，在大学文化上表现得尤为突出。

二、地域文化及其特质

地域文化是指在特定的地理环境和自然条件下，经过长期积淀形成的，带有明显地域特征的文化[5]。地域文化介于社会文化与组织文化之间，是中华瑰丽文化的重要组成部分。主要表现为具有浓重地域特色的价值观念、思维方式、行为模式、道德规范等文化特质。

1. 地域性

每一种文化形态都有其产生土壤，地域独特性是地域文化最显著的特征。由于地理环境、自然条件、历史文化的影响，特定地域的文化观念、生产方式、心理特征、思维模式等物质和精神方面，都深刻烙上了地域的印记。不同地域在空间范围和时间维度上都存在着不同程度的差异，从而形成具有鲜明地域特征的地域文化。如徽文化、中原文化、齐鲁文化、荆楚文化、巴蜀文化、吴越文化、岭南文化、闽台文化等，都带有显著的地域特征。但相对于地域行政区划的限定性及其历史变迁，地域文化相对于地理学意义上的地域而言，又具有一定的界限模糊性。

2. 亲缘性

“同一性文化是一种社会的、人民的、传统的生活方式，其特点是渗透所有事物并且使人觉得有归属感的品质”[6]。地域文化就对地域居民具有强烈的亲缘凝聚力，是地域居民的精神归属和价值认同。特定地域的居民既是地域文化的欣赏者，更是地域文化的创作者和实践者，他们的生活本身就是地域文化的一部分。地域文化对地域居民的影响持久、长远、深入、内在[7]。

3. 潜在性

地域文化的影响是潜移默化的，隐性内化于个体的文化修养、价值观念、行为品质上，蕴含于民风民俗、传统习惯、饮食服饰、建筑交通、宗教活动中。地域文化不仅以外在可见、可触摸的形式存在于个体的生活中，影响并塑造个体，更多的是以无形的、潜在的方式影响着个体，从精神观念的深处塑造着个体的人格与心灵[8]。

4. 乡土性

地域文化来源于普通人众的生产生活。一定人群与其环境的相互作用产生出特定地域环境中为特定人所特有的独特的文化。特定的文化样式的产生是人的无限可能性与物质环境的无限可能性相互限定的结果[9]。地域文化的主要内涵是民间，主流实质上是乡土性。地域文化的乡土性、民间性特别体现在民情风俗等地方性的传统文化当中，如：东南沿海汉族民众仍保留着浓厚的民间宗教信仰；青藏地区传承不衰的独特的藏传佛教文化；等等[10]。

5. 传统性

费孝通先生认为“传统是社会累积的经验，文化本来就是传统，不论哪一个社会，绝不会没有传统的”[11]。地域文化的积淀形成，新陈代谢，传承创新，是特定地域人民不断创造，不断积累，薪火相传的文明结晶。

三、大学文化与地域文化耦合的逻辑起点

概括地说，耦合就是两个或两个以上的实体相互

依赖于对方的一个量度。大学文化和地域文化都具有自身的内部结构、特质功能和运行规律，都是复杂的有机整体，既具有既定的系统边界，又保持着开放性。大学文化与地域文化的耦合关联，就是在大学文化与地域文化的形成、发展演化的过程中，二者之间的相互作用和相互影响的非线性关系总和。

1. 耦合的理论前提：共同的文化属性

大学文化与地域文化都是相对独立的文化形态。就文化分类体系建构的角度而言，按照要素分析分类的研究方法，大学文化和地域文化都属于区域型文化，是以文化的地理区域为对应要素形成的分类类型之一。因此，从逻辑上说，大学文化和地域文化不仅具有文化的共同属性，更具有区域型文化的共同属性。

2. 耦合的认识前提：冲突的合理存在

由于不同文化的价值观不同，每种文化都会竭力争取和维护自身发展的更大空间，文化之间的冲突、摩擦便不可避免[12]。对于大学文化和地域文化而言，相对独立的内容体系，不同的形成渊源和运行机制，以及对异种文化的本能抵御，必然使两种文化耦合建构的冲突存在。不仅要认识到这种冲突存在，更要认识到这种冲突存在的必然性和合理性。实现大学文化与地域文化的耦合，要在坚持自身文化特质，保持文化个性的基础上，积极与对方保持对流辐射，汲取有益的文化营养。

3. 耦合的自觉动力：内在的发展诉求

根据时代的要求，自发或自觉地选择和继承是文化的本能行为。通过双方的互动和内部运动，不断互优互化，不断获取新的要素，不断变革变化，不断实现功能的重塑和生态的完善，是同属区域型文化的大学文化和地域文化内在的发展诉求。

4. 耦合的现实基础：共赢的应然状态

文化不仅有自觉的发展需求，更有外在的冲突压力。地域文化的特色发展需要高等教育提供有特色的文化支撑；高等教育的特色发展也需要融合地域特色文化元素[13]。作为体现传承与创新的两种亚文化，大学文化与地域文化的耦合建构，使异质性文化系统通过多种模式与途径，从相对分离或博弈状态转化为互动共赢的高度耦合状态，实现异质文化的共存、共享、融合与提升，从而引领社会主体文化的发展和进步。

四、大学文化与地域文化耦合的实现路径——以黄山学院的徽文化建设为例

1. 相融-共生

“相融-共生”是指大学文化与地域文化为获取发展空间，在保持相对独立性和合理冲突的基础上，相互选择，相互融合，协调共存的过程。以黄山学院大

学文化与徽文化为例，作为中国三大地域文化之一的徽文化，是伴随着中国文化的传播、整合、变异的进程而形成，地域性鲜明且形态成熟的传统历史文化体系[14]。就其具体内容而言，徽文化既包括新安理学、医学、画派、徽派篆刻、版画、建筑、朴学、徽州商帮、宗族、教育、戏曲、三雕、科技、村落、文书、历史人物，又包括徽州民俗、方言、民间工艺、茶道、徽菜，等等[15]。这里所说的徽文化其地理区域范围主要指当年徽州府所辖的歙县、休宁、黟县、祁门、绩溪和婺源6个县。黄山学院坐落在古徽州核心区域新安江畔，自学校建立至今，始终沐浴着徽文化，人文与自然的和谐之美是得天独厚的优势。黄山学院践行“教人求真，学做真人”的校训，坚持地域文化与大学文化的深入融合，共生共长，形成独具特色的大学文化。

2. 汲取-内化

“汲取-内化”是指基于多种因素的影响，大学文化和地域文化对对方系统中优秀、先进元素与资源有意识或无意识地产生很强趋势的吸引力，使得对方的优质资源流向自身系统，并转化为自身稳定的文化特质的过程。黄山学院在大学文化建设上，积极汲取徽文化的精华，并内化为自身特色，形成具有深厚徽文化内涵与表征的大学文化。主要表现在：一是汲取徽文化的精神元素，融入大学文化中。精神应该是一种历史的积淀，也应该融入到一个地方、一所高校的方方面面，包括学校的顶层设计、人才培养目标，构成人们认识世界、改造世界的思维结构，精神才能真正发挥它应有的作用。黄山学院以黄山精神为统领，将“迎客松”的开放精神、徽骆驼的吃苦精神、徽州人的和合精神、古徽商的诚信精神融入人才培养方案，融入课堂教学，融入实践活动，融入行为品质养成，使徽文化的精神内核彰显在校容校貌上、彰显在规章制度中、彰显在师生仪表风范里。二是汲取徽文化的符号元素，融入大学文化。黄山学院用实态性的徽文化符号展示着大学文化的特色。融入“天人合一，融于山水”的徽州建筑文化精髓，在校园建筑和景观建设方面，传承徽派的统一风格，彰显徽州人文特色的要求，从整体布局、建筑形体、立面造型、广场布置到人车交通安排、绿化配置、屋顶和地面铺砌等进行综合考虑，充分体现徽州地域文化特色。如校园内道路均以徽州名人命名并有人物简介；以徽文化元素为主题的文化长廊；以陶瓷、砚台、徽墨、书画、徽州三雕、古籍图书、徽州文书等各种文物为馆藏品的徽文化展示馆；等等。

3. 辐射-引领

“辐射-引领”是指在大学文化与地域文化之间，文化体系理念、载体等构成要素的相互映照，相互影响，相互带动，从而促进文化精神内核快速传播和文化体系快速发展的过程。黄山学院充分发挥徽文化的辐射作用，运用大学文化的运行机制引领徽文化与大学文化耦合发展。一是以行知精神引领人才培养。将行知思想和理念融入校园文化精神内涵之中，建立一系列行知文化践行机制，建设良好的行知文化环境，确立了以校训“教人求真，学做真人”为核心的校园文化精神内核，形成以行知精神为核心的校园文化基本架构与建设体系，学习行知思想、践行行知精神，已逐渐成为全校师生员工的主动追求和自觉行动，并融入到学校的教学科研、管理服务等各项工作及校园各项活动之中，行知文化对学校办学及师生行为风范的引领作用正逐步显现，行知文化建设品牌已初步形成。二是以大学文化规律引领徽文化传播。以教学与活动为平台，传播徽文化。黄山学院将徽文化纳入教材教案，纳入课堂教学，编写校本教材，实施徽文化的教学渗透；按照“一体两翼”的模式打造立体式徽文化讲坛，开展徽文化体验与实践活动，不断拓展和创新徽文化的传播方式。以探索与研究为途径，丰富徽文化。设立徽文化研究机构，孕育遴选徽文化项目课题，发挥高校的人才与科研优势，不断挖掘徽文化资源，为徽文化注入新元素，进行文化创造与再创造，拓展徽文化的内容与价值。

参考文献：

[1] 黄遵斌，刘浔．大学文化内涵的哲学审视

[J]．四川理工学院学报（社会科学版），2009（3）：80.

[2] 王冀生．大学是一种文化和精神的存在 [J]．杭州师范大学学报（社会科学版），2010（3）：119.

[3] 雅斯贝尔斯．K. 什么是教育 [M]．邹进，译．北京：生活·读书·新知三联书店，1991，151–152，170.

[4] 陈勇江．当代中国大学文化的特殊本质及其内容 [J]．南京航空航天大学学报（社会科学版），2003（2）：49.

[5] 张丽，蔡其伦．浅析区域文化对区域经济发展的影响 [J]．人民论坛，2013（2）：88.

[6] [英] 特瑞·伊格尔顿．文化的观念 [M]．方杰，译．南京：南京大学出版社，2006，21.

[7] [8] 陈大路，谷晓红．地域文化基本特征的新审视 [J]．学术交流，2007（11）：176.

[9] 李鹏程．当代文化哲学沉思 [M]．北京：人民出版社，1994：57.

[10] 严飞生．地域文化学的若干问题研究[D]．南昌：南昌大学硕士学位论文，2006，15.

[11] 费孝通．乡土中国 [M]．北京，三联书店，1985，53.

[12] 庞德英．主流文化与非主流文化的冲突与和谐 [J]．中共桂林市委党校学报，2012（12）：67.

[13] 刘波. 基于地方区域性高校的大学文化特色[J]. 中国成人教育, 2012 (12): 23.

[14] 唐军, 褚艳艳. 浅谈目的论对徽文化翻译的启示 [J]. 江淮论坛, 2011 (2): 187-193.

[15] 徽州文化全书 (20卷本) [M]. 合肥: 安徽人民出版社, 2005.

弘扬黄山精神，探索大学生思想政治教育模式创新

——以黄山学院为例

曾小保

摘　要：弘扬黄山精神，在此基础上总结提炼黄山学院精神，并以此为主线构建黄山学院大学生思想政治教育的大格局不仅意义重大且切实可行。

关键词：大学精神；黄山精神；黄山学院精神；思想政治教育；大格局

中国家主席习近平在2013年全国人大十二届一次会议闭幕会上强调："实现伟大中国梦，必须走中国道路，必须弘扬中国精神，必须凝聚中国力量"。[1]这是中国国家领导人第一次提出中国精神。这是一个带有启蒙意义的重大命题——大国崛起于精神，这个命题需要我们深入认识和思考。同样，我们有理由说，

一所高校只有有了自己的精神，方能立于特色强校之林。

2015 年年初，中共中央办公厅、国务院办公厅印发的《关于进一步加强和改进新形势下高校宣传思想工作的意见》（以下简称《意见》）指出，“建设具有中国特色、体现时代要求的大学文化，培育和弘扬大学精神，把高校建设成为精神文明建设示范区和辐射源，继承和发扬中华优秀传统文化，促进社会主义先进文化建设，增强国家文化软实力”。联系习总书记的讲话精神理解这段话，我们就应该把弘扬大学精神放在国家战略这个高度来加以认识，就应该让大学精神在大学生思想政治教育中发挥重要作用。

一

雅斯贝尔斯说过：“大学应生存在永无止境的精神追求之中。”[2]我们理解，这种精神是一所大学在长期发展中的一种历史积淀，是一所大学的大学人不断追求、创造，进而不断传承与创新的结果，是一所大学的大学之魂。清华大学教授徐葆耕先生说得好，“大学精神不是人为设定，也不是哪位校长或人们头脑中的理念产物。它的形成是多重因素长期相互撞击和融合的结果。一般说来，一所大学的精神。同这所大学独特的历史、地理、文化环境有密切关联，是国家意向同社会流行趋势相互冲突与融合的结果。大学精神需要一个较长的办学历史才能养成，它是大学传统中最宝贵的部分。是大学抗打击和求发展的生命力和底蕴所在，对于稳定大学的风格和水准，具有至关重要的作用”[3]。由于大学精神与其“独特的历史、地理、文化环境密切关联”，因而，大学精神个性鲜明。

（一）大学精神是一所大学长期发展的历史积淀

一所大学精神的形成，绝非一朝一夕之功，它是一代一代大学人共同努力、不懈追求的结果，是一所大学办学定位、办学理念、育人理念、学术追求、管理模式长期发展积淀的成果，是上述各方面长期发展的理性凝结和内容升华。大学精神的形成，受大学的地理环境、文化底蕴，国家的政治经济发展，地域社会经济发展诸多因素的影响。理性地看，一所大学的大学精神，是与这所大学的理想目标、精神信念、价值取向紧密关联，透过大学精神便能深刻地把握到这所大学的理想追求、价值取向、价值选择和价值认同。同样，透过大学精神我们不仅能看到这所大学发展的历史足迹，而且能看到这所大学与时俱进的精神追求。

（二）大学精神是一所大学长期发展的道德追求

虽然在大学的发展过程中，大学会受到来自社会各种力量和因素的影响，尤其是在当下，由于多元文化与价值观的冲击，身处社会中的大学不可能不受到它的影响，但是大学仍然是任何一个社会道德与理性的凝聚之所，这是毋庸置疑的。一代一代大学人始终把追求自己的大学理想作为大学的首要任务。大学的道德理想引领着社会德性的发展方向，是一个社会道德理想的风向标。浙江大学前校长竺可桢在战时西迁途中对学生说："乱世道德堕落，历史上均是，但大学犹如海上灯塔，吾人不能于此时降落道德标准。切记：异日逢有作弊机会是否能涅而不淄、度而不磷，此乃现代教育试金石也。"[4] 因为，大学人是社会中应最有德性和理性的一群人。正由于他们的努力和追求，才有了这么美好的大学精神，才使大学成为了"海上灯塔"。

（三）大学精神是一所大学长期发展的文化追求

大学人似乎有一种天然的使命意识，他们把自己定位在文化传承和创新者的角色当中，自觉不自觉地承担文化传承的重任，并将这种传承和传承中应承担角色的价值追求、行为方式、行为准则等融入大学精神，这便使大学精神有了文化追求的意蕴。也因此，使我们在大学精神中，既能感受到对知识、真理和科学追求的愉悦，也能激发出对公平正义等社会理想追求的不懈热情。因而，大学精神所透射出的这种文化追求，使大学人有了关心学校、社会进步和参与学校、社会改造的使命意识与责任意识。

大学精神是大学文化的核心，置身其中，一种无形的力量便环绕你左右，仿佛这里的一草一木都有了生命力，一景一物都有了感染力，人也有了亲和力，它时时激励着每一位大学人，甚至无论你走到哪里，它都在影响和改变着你。“这种精神给予青年学生的影响和熏陶，对他们的素质、能力和人格的培养，比具体知识的传播有时更为重要。”[5]因此，大学精神在大学发展中起着不可忽视的作用。一方面，大学精神作为一种文化被大学人内化，成为大学人的内在积淀，深入到大学人的心灵深处，在大学的发展中它是一种凝聚力、向心力，对大学的发展起着导向和保障作用。另一方面，大学精神是精神文明建设的辐射源，可以促进社会主义先进文化建设，对人们的思维方式、价值观念和行为规范都产生积极的影响，从而为大学的发展构建适宜的环境。

由此观之，融大学精神于大学思想政治教育活动之中应该是题中应有之义。然而，我校虽有三十多年的办学历史，也已有校训、校风，但目前还没有官方层面的大学精神，为了解决这一问题，我们可以依托黄山地方文化资源，融入黄山精神，并在此基础上总结提炼我校的大学精神，以此构建我校思想政治教育大格局，其意义会更大。这与《意见》提出的“推动校内外协同配合、全社会支持参与，构建高校宣传思想工作新格局”的精神也是一致的。

二

思想政治教育是社会或社会群体用一定的思想观念、政治观点、道德规范，对其成员施加有目的、有计划、有组织的影响，使他们形成符合一定社会所要求的思想品德的社会实践活动。[6]由此可见，思想政治教育是一个塑造人的实践活动，如何使思想政治教育在内容、形式和手段上不断丰富与创新，为受教育者所喜闻乐见，达到塑造人的目的，是一个十分值得研究的课题。

加强和改进大学生思想政治教育始终是高等教育教学改革的永恒课题。2004 年中央 16 号文件颁布以来，我国的大学生思想政治教育取得了可喜成绩，大学生的自强意识、创新意识、成才意识、创业意识已经牢固树立。但是，16 号文件所指出的“大学生的政治信仰迷茫、理想信念模糊、价值取向扭曲、诚信意识淡薄、社会责任感缺乏、艰苦奋斗精神淡化、团结协作观念较差、心理素质欠佳”等问题还不同程度地存在。究其缘由，社会、学校、大学生群体等方方面面的原因都存在，就学校层面而言，大学生思想政治教育的合力尚待进一步提升，思想政治理论课的实效性与思想政治教育的针对性仍需进一步增强，思想政治教育的内容、载体、手段的丰富与创新亟待进一步加强。因此，构建一个从校园文化到课堂教学的具有内在密切联系、校内各部门联动的大思想政治教育格局具有十分重要的意义。

如何构建？我们以为，将地域文化融入思想政治教育资源中，立体打造大思想政治教育的格局是一个行之有效的举措。首先，地域文化融入思想政治教育中，丰富了高校思想政治教育的内容。地域文化是特定区域内人们所创造的物质财富和精神财富的总和，是特定区域长期历史发展的积淀，是特定区域的环境、民俗、传统、习惯等文明表现。这种作为中华传统文化组成部分的地域文化，因其鲜明的地域特色构成了思想政治教育独具特色的人文基础，从而使思想政治教育既接地气，又大大拓宽了思想政治教育的内容。

其次，地域文化融入思想政治教育丰富了高校思想政治教育的载体。地域文化无论从物质层面还是精神层面，其内涵和外延都十分丰富，大到人居环境，小到四时节气中的生活礼俗，无不蕴含着深厚的中国传统文化的优良品行和进步思想观念。把它挖掘出来作为思想政治教育资源，有一个手段必不可少，那就是将其作为思想政治教育实践平台，让学生深入地域文化的现场，在老师的指导下，调查研究这些丰富的资源，这可谓是高校思想政治教育的极好载体，这既是对中华传统文化的实践之旅，更使学生增添了的民族自豪感。

最后，地域文化融入思想政治教育丰富了高校思想政治教育的文化氛围。环境对于一个人的成才无疑具有非常重要的意义，良好的大学文化环境对于大学生思想政治教育而言，是一个无声的教材。而将地域文化融入到大学文化环境建设中，使大学有了自身的地域特色，这虽然是一个外在的特色强校因素，但也是一个不可或缺的因素。同时，将其与思想政治教育结合，也是学生了解我国的地域特色和文化内涵的一个重要途径，他对于学生产生对乡土文化的认同感，对于中国传统文化的认同感，从而增强爱国情怀具有不可替代的作用。

黄山学院坐落在黄山市，黄山市为古徽州的核心区域，博大精深的徽州文化成就了古徽州的辉煌，至今都让我们为之自豪。徽州文化可以有很多概括，我们以为，黄山市政府目前将其核心内容概括为黄山精神是有一定道理的，地域文化的核心本应体现在文化的精神上。黄山精神指的是“迎客松”的开放精神，徽骆驼的吃苦精神，徽州人的和合精神，古徽商的诚信精神。精神应该是一种历史的积淀，也应该融入一个地方、一所高校的方方面面，构成人们认识世界、改造世界的思维结构，唯其如此，精神才能真正发挥它应有的作用。这正好印证了俗话所说的“一方水土养一方人”，在不同地域文化和精神影响下，人们的思维方式、价值取向、行为习惯会有所不同，这正是精神的魅力所在。

因此，作为一所地方性、应用型本科院校，以黄山精神为核心构建黄山学院的大思想政治教育格局具有很强的可操作性。

三

黄山学院一直重视融地方文化资源与校园环境之中，始终注重环境育人理念的培育。其主校区位于风景如画的新安江畔，人文与自然的和谐之美是得天独厚的优势。校园建筑，我校按照保持徽派的统一风格，彰显徽州人文特色的要求，从整体布局、建筑形体、立面造型、广场布置到人车交通安排、绿化配置、屋顶和地面铺砌等进行综合考虑，充分体现徽州地域文化特色。在环境文化建设上，学校注重文化品位和内涵，增强育人功能。学校大门前，十六根徽州石雕立柱高耸入云天，寓意栋梁之材，茁壮成长；进入大门后，就是校训广场，校训“教人求真，学做真人”激励广大师生员工努力践行求真务实，诚实做人。校园文化广场后的逸夫图书馆正立面以现代高科技手段的电脑芯片造型嵌有篆书“经、史、子、集”四个大字，寓意这里是知识汇集之场所，表达传统文化与现代精神的融合；周边的石雕刻有“书山”“博学”“勤思”等内容，启示学子们发奋成才。校园内十条主干道路均以徽州名人命名并有人物简介，既是徽州文化的集中缩影，彰显了校园的徽州文化特色，也是以这些名人教育启迪今天的学子们，努力学习，为国家做贡献。这些虽然是外在的，但是，如若辅以内涵丰富的黄山精神，这些外在的环境必将发挥它应有的作用。

黄山精神如何融入大思想政治教育格局中去，成为核心和统领，成为有血有肉的内容，这是破解问题的关键。我们主张，编好《黄山学院精神读本》校本教材——以黄山精神为核心，总结归纳出黄山学院精神；抓好三个关节点——把黄山精神融入入学教育、就业创业教育、毕业教育；做好五个结合——将黄山精神与思想政治理论课结合起来，与校园环境文化结合起来，与学校制度文化结合起来，与学校讲坛文化结合起来，与大学生社团文化结合起来。

以《黄山学院精神读本》编写为契机，认真梳理黄山学院三十多年的办学历史。自1980年获批成立徽州师专三十多年来，黄山学院人在地域文化的滋润下，逐渐形成了自己的办学理念、办学特色，形成了具有鲜明地域特色的黄山学院精神。以此精神凝聚黄山学院人的思想共识，构建黄山学院人的精神家园。

宣传培育黄山学院精神。学生管理部门要协调好学工委单位学生思想政治教育工作，负责大学生入学教育、就业创业教育、毕业教育的谋划、组织与协调工作。入学教育、就业创业教育、毕业教育是一个在校大学生接受所就读大学在校教育的三个关节点，认真谋划这三个关节点的教育对一个在校大学生的成长有着十分重要的意义。要把黄山学院精神纳入入学教育、就业创业教育、毕业教育的全过程，有计划、有重点、有层次地开展系列教育活动。

弘扬落实黄山学院精神。建议学校成立专门领导机构，宣传思想主管部门负责协调工作，制定工作方案，并定期进行检查与督查，切实做好黄山学院精神与思想政治理论课、校园环境文化、学校制度文化、学校讲坛文化、大学生社团文化五个方面的结合工作，把黄山学院精神弘扬工作落到实处。要创新工作机制，采取与学生的兴趣爱好相结合的实招、新招弘扬黄山学院精神。

以弘扬黄山精神为核心，构建从思政理论课教学到校园文化建设的大思想政治教育格局，实现多部门密切配合，全校上下联动，“全过程、全方位、全员”的育人格局，一定能取得预期的效果。

参考文献：

[1] 唐洲雁．凝心聚力共筑中国梦——学习习近平同志在十二届全国人大一次会议上的重要讲话[N]．人民日报，2013-3-28.

[2] 雅斯贝尔斯. 什么是教育 [M]. 邹进，译. 北京：生活·读书·新知三联书店，1991.

[3] 徐葆耕. 大学精神与清华精神 [N]. 人民日报，2001-04-24.

[4] 竺可桢. 竺可桢日记（2）[M]. 北京：人民出版社，1984.

[5] 王肃元. 论大学文化与大学精神——兼析甘肃政法学院新校训“崇德明法、弘毅致公”[J]. 甘肃政法学院学报，2004（2）.

[6] 邱伟光，张耀灿. 思想政治教育学原理 [M]. 北京：高等教育出版社，1999.

黄山学院精神培育

教人求真育人润物无声
学做真人成才经世致用

——黄山学院大学精神个案研究

黄山学院坐落在风景秀丽、文风馥郁的中国优秀旅游城市——安徽省黄山市，是一所综合性的省属普通本科院校。其前身是始创于1980年的徽州师范专科学校。1997年12月，更名为黄山高等专科学校。2002年2月，经国家教育部批准，黄山高等专科学校升格为黄山学院。

学校分为南、北两个校区，现有校园面积1800亩，校园生态资源丰富、环境优美、人文底蕴深厚。

校舍建筑面积39余万平方米，教学设备总值1.2亿元，图书馆藏书120万册。学校拥有一批设施先进的综合实验室、分项实验室，并拥有网络中心、计算机中心、语言实验中心、电化教育中心等现代化设施，形成教学、科研、实验、阅览、运动、娱乐、生活等配套完整的建筑群体。

学校拥有一支结构比较合理，并富有发展潜力的师资队伍。全校教职工903人，其中专任教师759人；具有副高及以上职称的200余人，具有硕士及以上学位的教师590人，并拥有一批省级学科带头人、省级骨干教师，其中有多人获得“全国优秀教师”称号和曾宪梓教育基金奖。此外，学校还聘有名校名师为兼职教授，并长期聘有多名外国文教专家。

学校现设有15个二级学院和57个本科专业，涉及法学、经济学、教育学、文学、艺术学、理学、工学、农学、管理学等九大学科门类。现有在校全日制学生18000人，招生面向安徽、浙江、江苏、福建、山东、河北、云南、重庆、广西等18个省、直辖市和自治区。学校还与美国、法国、德国、韩国等国家和香港、台湾地区的23所高校签订了友好交流协议，开展交流合作和留学生教育，每年派师生出国、出境交流学习100多人次；2006年开始招收国际留学生来校就读，2013年获批为中国政府奖学金生委托培养院校。

学校自建立以来，已为国家培养和输送了50000多名毕业生，毕业生以其扎实的专业基础、良好的综合素质，受到社会的广泛赞誉。各类毕业生就业率名列全省同类院校前列，五次被评为全省高校毕业生就业工作先进单位，连续三年被评为安徽省毕业生就业工作标兵单位。中央电视台、《中国教育报》、《安徽日报》等新闻媒体先后报道了我校毕业生的就业工作，曾被评为全国先进院校、国家语言文字工作先进单位、省人才工作先进单位、省高校综合治理精神文明建设优秀单位、省高校体育卫生先进单位、省思想政治工作优秀高校、省花园式学校、省文明单位。2012年顺利通过了教育部本科教学水平合格评估。

一、地域文化精神滋润

大学精神是一所大学区别于另一所大学的重要标志，由于各大学的历史发展、地理环境、文化传统和办学理念的不同，每所大学都有自己的传统和特色，从而形成了自身独特的大学精神，大学精神就是一所大学的灵魂。构建大学精神是大学自我完善、找准自己办学定位、体现办学特色的需要，同时也是为社会构建精神家园的需要。

黄山学院坐落在黄山市，黄山市为古徽州的核心区域，博大精深的地域文化成就了古徽州的辉煌，不仅让我们为之自豪，而且其作为一种历史积淀的地域文化已经成为我校取之不尽、用之不竭的资源。多年来，我校立足地方，以“打好黄山牌，做好徽文章”为思路，深入挖掘地域文化资源，在徽骆驼精神、黄山松精神、教学做合一精神的基础上，形成了“教人求真，学做真人”的黄山学院精神，并将其融入学校的校园物质文化、校园行为文化、校园观念文化、校园制度文化之中，深深地影响着学生的成才成长。

（一）徽骆驼精神

1945 年抗日战争胜利后，中国文化巨擘胡适博士曾为江苏溧阳新安同乡会题写“我们是徽骆驼”的条幅。1953 年，胡适又为台湾绩溪同乡会题写“努力做徽骆驼”的条幅。正因为骆驼有三个突出的“能耐”：即能耐苦、能耐磨、能耐远，具有耐饥耐渴、忍辱负重的品性，在骆驼身上蕴含着徽州人的这些“能耐”和坚毅品格，胡适把徽州人拼搏奋进、百折不挠、吃苦耐劳的创业精神比喻成骆驼精神，于是就有了“徽骆驼”的称呼。由于胡适的一再宣传，“徽骆驼”愈来愈被世人知晓，逐渐成了徽州人的代称，成为徽州人顽强、勤奋、开拓、进取的精神象征。历史上特别是处于创业进取阶段的徽商正是其中的一批重要代表。可以说“徽骆驼”乃是曾经称雄中国古代商界三百余年的徽商坚韧不拔、百折不挠的进取精神和坚定信念的写照。早期的徽商在十分困难的境况下，敢于闯天下，把生意做到大半个中国乃至东南亚地区，就是在于他们特别能吃苦，特别能耐磨，因而特别能走远。他们在商业竞争中“一贾不利两贾，两贾不利三贾，三贾不利犹未厌焉”，从而将商业由小做大、由弱做强，这种如骆驼般的自强不息、负重进取的精神，是不因时代变迁而褪色的中华民族的伟大精神。

黄山学院历经徽州师范专科学校、黄山高等专科学校、黄山学院等三个阶段，三十多年的风雨历程，一路走来，之所以能取得今天这样的业绩，和我们一直践行的徽骆驼精神不无关系。

（二）黄山松精神

所谓黄山松精神，即顶风傲雪的自强精神、坚韧不拔的拼搏精神、百折不挠的进取精神、众木成林的团结精神、广迎四海的开放精神、全心全意的奉献精神。黄山学院在发展的历史进程中实践黄山松精神：在大学精神培育过程中，我校将黄山松精神融入课堂、教学与学生的头脑，体现在校园文化中，体现在学生价值观的培养上。

我校的前身是1978年创办的徽州师范专科学校，地处黄山市。黄山土地贫瘠，为酸性土壤，只有生命力顽强的松树才能扎根生存，黄山松的生活环境并不好，但它坚如铁，志如钢，石头缝里扎根生长，开辟了一片新风景。古徽州地少人多，很多人外出经商，养成了吃苦耐劳的精神。松树也是我校特有的风景，南区听松湖畔分布着大片的松林，道路两侧，苍松翠竹、绿树成荫，山坡上的青松点缀着亭台楼阁，景色宜人。我校在办学过程中也受这种地域文化的影响，我校学生在学习的过程中，也受到了黄山松精神及徽州地域文化的影响。以自立自强、坚韧不拔、团结进取、开放包容、无私奉献自勉自励，体现了大学的意志与宗旨。黄山松精神是艰苦创业精神在安徽的具体体现，也是鼓舞和激励我校师生自强不息、顽强拼搏、开拓进取的强大精神动力，充分反映了我校的精神特征。正是在这精神的鼓舞和激励下，我校实现了快速发展。

（三）教学做合一精神

教学做合一是人民教育家陶行知先生的主张，生于徽州歙县的陶行知先生原名陶文俊。1910 年在金陵大学读书时，敬慕王阳明的哲学思想，奉“知为行之始，行是知之成”为至理名言，于是改名为陶知行。后来在晓庄学校工作期间，他的思想在实践中发生巨变，对知行关系有了新的认识。他说，对王阳明的观点，“余体验所得，适为其反。”他认为，富兰克林、瓦特等人都是先有实践，而后才有了新的发明创造的，于是决定把以前信仰的观点倒转过来，确认“行是知之始，知是行之成”。1931 年他写了一首短诗《三代人》：“行动是老子，知识是儿子，创造是孙子。”到 1934 年 7 月 16 日，他在《生活教育》半月刊上公开声明，改名为陶行知。他曾解释说，我的理论就是行、知、行。行是知之始，知又可以反过来引导行。改名字是力求名实相符。提出了“生活即教育”“社会即学校”“教学做合一”三大主张。“教学做合一”用陶行知的话说，是生活现象之说明，即教育现象之说明。在生活里，对事说是做，对己之长进说是学，对人之影响说是教，教学做只是一种生活之三方面，不是三个各不相谋的过程。“教学做是一件事，不是三件事。我们要在做上教，在做上学”。他用种田为例，指出种田这件事，要在田里做的，便须在田里学，在田里教。在陶行知看来，“教学做合一”是生活法，也是教育法，它的含义是教的方法要根据学的方法，学的方法要根据做的方法，“事怎样做便怎样学，怎样学便怎样教。教而不做，不能算是教；学而不做，不能算是学。教与学都以做为中心”。由此他特别强调要亲自在“做”的活动中获得知识。

在高等教育激烈竞争的时代，黄山学院人以建立高水平应用型本科为己任，正是陶行知先生“教学做合一”主张的体现和创新。

（四）接地气成大学精神——教人求真学做真人

上述徽州地域文化资源，如果再做一个更为精炼的归纳，我们认为“教人求真，学做真人”八个字最为贴切。“教人求真，学做真人”源自伟大的人民教育家陶行知先生名句“千教万教教人求真，千学万学学做真人”。这句话既有徽州文化历史的积淀，更有现实的时代要求。古老的徽州大地，素有“求真”“求是”做“真人”的传统，从朱熹奉行“居敬穷理”，到戴震“求真”“求是”的严谨治学，应该说都是在强调求“真”“理”，以此达到“内圣而外王”之目的，从而做一个“修身、齐家、治国、平天下”之人。徽州人以“徽骆驼”自居与此有很深的渊源。徽州人为着自己的目的而奋斗的顽强、勤奋、开拓、进取精神正是这种“真人”的真正体现。为着自己的人生追求，他们肯于吃苦，勇于开拓，敢于与自我挑战，善于开放进取，从而形成了驰骋商海 300 多年的徽商，写下了无徽不成镇的历史辉煌。

从时代看，求真务实，是我们党一以贯之的优良传统和作风，是党的各项事业不断取得新胜利的根本保证。因此，胡锦涛同志强调：我们党 80 多年的历程充分说明，求真务实是党的活力之所在，也是党和人民事业兴旺发达的关键之所在。以“黄山松”精神为黄山人、安徽人精神的当代安徽人，立足安徽的现实，以开放的胸怀，正在谱写安徽人的美好新篇章。

“教人求真”，就是广大教师要以“捧着一颗心来，不带半根草去”的真人品质，以独到的真知灼见为学生传道、授业、解惑，以教学做相统一的教育教学，达到真善美、德知行的统一。“学做真人”，就是莘莘学子要以求真知、学真本领、养真道德的向善态度，苦练为人做事的基本功，坚持理论联系实际，在学中行，在行中学，努力做“真人”，即做至德、至善、至美之人，做为人民、为民族、为社会奉献之人。

“教人求真，学做真人”是黄山学院人的座右铭。全体黄山学院人用“教人求真，学做真人”的八字校训，来铸造黄山学院的大学精神，铸就黄山学院灿烂辉煌的明天。

二、大学精神培育

（一）负重前行践履大学精神（1978—1997）

黄山学院的前身是徽州师专，作为黄山市唯一的一所高等院校，从徽州师专到黄山学院一路走来历尽艰辛、跋涉不止。今日之成就离不开坚固的基石，离不开艰苦创业、拼搏进取的徽州人和徽州师专人，这正是徽骆驼精神在徽州大地上的又一次践行。

1. 合格的大学

十年动乱之后，在被誉为“东南邹鲁”“程朱阙里”的徽州，有了第一所高等学府。1978 年 3 月，徽州师专创办于凛冽的早春。1980 年 5 月，经国务院批准，教育部同意建立“徽州师范专科学校”。建校之初，根据当时地方农村师资紧缺的现实条件，我校确立了“师、农、初”的办学定位。经过草创阶段的艰苦奋斗，学校办学成绩卓著，培养和输送了大量的基层教师，被誉为“农村师资的摇篮”，在地方上受到社会各界的欢迎。时间的脚步迈入20世纪90年代，改革开放的大潮席卷神州大地。为顺应这一变化，我校积极谋求更名转型，除了紧抓师范教育不放松外，适时开办非师范专业，逐步由单一师范型向综合大专型过渡。到1995年底，经过几年努力非师范类专业与示范类专业已经持平。基本形成一个多科性、多功能、综合性的高等专科学校框架，学校更名转型为“黄山高专”条件基本成熟。1997年12月16日，国家教委教计［1997］123号文件正式批准徽州师范专科学校更名为黄山高等专科学校，实行省市共建。更名后的黄山高等专科学校在拓展新专业的同时，将继续保持原有的师范教育功能。在这近二十个春秋里，徽州师专与祖国同呼吸、共命运，历经艰苦创业而茁壮成长起来。

草创时期，面对着一穷二白的现实，全体师生负重前行、艰苦创业。我校一开始就确立了为山区农村培养合格的初中教师的办学宗旨，着重突出三个重点——师、农、初。师，就是师范性，在加强专业基础教学和科研工作的同时，切实加强师范训练，加强教育见习、实习，加强教育科学研究和教师职业道德的培养。农，是指招生和就业主要面向农村。全校百分之八十以上的学生来自农村，毕业生百分之九十以上分配到山区农村中学任教。初，就是培养合格的初中教师，使毕业生到农村中学后，既“留得住”，又“用得上”。

为适应农村教育和经济的发展，学校针对各专业的特点调整或补充了有关实用科技知识教学。如生物系增加了农基知识课时，创办了食用菌种植基地——行知食用菌场，开展野生植物资源开发利用的科学研究；物理系增设了电子技术、电机、电器维修课程，还举办摄影讲座；数学系组织师生种菜卖菜增强劳动观点和经济观点，学习市场经济规律；中文系利用暑期举办专题学习班，对已走上教师岗位的毕业生进行业务培训；政史系加强了对农村教育、农村经济改革以及当代农民现状的理论研究。学校还加强了音、体、美等方面的教学，开设了音乐、美术选修课，举办了音乐提高班。

“师、农、初”的办学定位正与我们徽州老乡、伟大的人民教育家陶行知先生的教育理论十分契合。我们发挥拿来主义的精神，掀起学陶师陶的高潮，相继成立了教育科学研究协会、校陶行知教育思想研究会。在教学中，贯彻陶行知提倡的“教学做合一”原则，注重开展多种形式的教育活动，鼓励学生动手动脑，投身实践。如在学生中先后成立了书画、棋类协会；结合师范生特点进行板书、讲演、百科知识、朗诵等比赛；近百名学生走出校园应聘家庭教师，辅导在校初中学生。数学系 1989 级同学在校两年期间，坚持每周两次义务修理自行车活动，陶冶了思想情操，锻炼了动手能力，毕业前夕，他们把学雷锋、实践陶行知教育思想的接力棒传给了 1990 级和 1991 级同学。

作为一所新办学校，面临着师资力量短缺的现实困难，为了保质保量完成培养人才的任务，许多教师和职工做出了很多牺牲和奉献，埋头苦干、勇挑重担。秦效成老师虽然年近花甲，但是依旧成年累月孜孜不倦地工作，他伏案读书、备课写作，常常废寝忘食、不顾疾病；刘子万老师，多年来的寒暑假和晚自习时间，大都是在实验室里度过的；叶光立、周观涛、胡立生等老师常常主动为学校分忧，承担了繁重的教学任务。

建校之初，许多教师就不断尝试和探索教育教学改革，并进行理论总结，乐于同广大师生分享和交流。白盾撰长文《做人，治学与作文》，认为做人是治学与作文的根本，要执着、认真地对真理的追求和对人生、对祖国、对人民热爱的精神，才可能追寻真理。这篇文章在我校引起了广泛的回响，给广大中青年教师起到了示范和引导的作用。体育系胡振铎撰文书写自己的教育心得，结合本专业的特点，以自己的技术失误启迪学生。为了更好地提高教学效果，教师在教学中既讲成功的经验，又讲自己在学习探索中曾有的失误和教训；既用示范法，又用示错法，必定会使教学过程更具有生动性和启发性。学生以教师的某些失误为鉴，少走弯路，会变得更聪明，教学效果会更显著。钱文麟老师注意收集学生毕业后的反馈信息，并且及时地分析、归纳、总结经验和问题，以促进师范学校教改。

我校教师在小小的三尺讲台上挥洒青春，致力教学、关怀学生，在教研上也毫不松懈，取得了丰硕的成果，这其中涌现出很多名师优师。

我校徐亚君教授是十分注意教学艺术和为人师表的楷模，受到历届学生的景仰，以向他看齐为榜样。在培养青年教师方面徐教授甘做铺路石，在科研上先后传帮带了六位青年教师，使他们迅速成长。在他指导发表的论文署名上，往往把自己的名字放在最末位，或者把自己的名字干脆删去，以提高青年教师从事科研的积极性。他常说：“历史造成的教学科研队伍的断层，应由我们这一代人去铺，填一点是一点，尽力而为之。”1984 年徐教授被评为徽州地区先进教师，次年获安徽省优秀教师称号。为了搞好教学，徐教授重视实验教学，克服各种困难，亲自制作标本千余件，并把自费采集的全部新安江鱼类（不少为珍品），无偿赠送学校，以加强实验室建设。为了卓有成效地进行科研工作，徐教授利用寒暑假，行程数万里，跑遍了我省山山水水，发现了属于安徽动物新纪录的鸟、鱼、蝙蝠、蝗虫、陆生贝类、农林蜘蛛、浮游动物、昆虫等近400种，属于国家新纪录的有28种，属于世界首次发现由他命名的蜘蛛新属1属，新种24种。这在我省动物分类学界是罕见的。1986年徐教授获国家教委高校实验室系统安徽省唯一的先进工作者称号；1989年获安徽省有突出贡献科技专家称号，并于1991年获首批国务院政府津贴的殊荣；1994年获曾宪梓教育基金会师专系统二等奖。他写作《忆江南》："霜红叶，红于二月花，二月花时正憔悴，长夏饮露休烟霞，秋光美如画。"历年来的论文集和诗词集，真实地展现了一位老教授的真实世界，他是那样的坚毅、丰富和深沉！

全国优秀教师刘子万，1960年毕业于西安交通大学，1978年徽州师专建立，便在物理系授课，主要教授电子线路、电工线路、电工实验、家电灯等课程。在实验室里经过三十多年的辛勤耕耘，为物理实验室方面做出了许多贡献。当时，我校财力有限，设备简陋，刘老师克服重重困难，根据实验原理，想办法改善设备，买低档的仪器自己安装，使实验课顺利进行。他用小型手电钻电机代替较大型的直流电动机，不但能完成大纲规定的"直流电动机实验"的内容，而且大大节省了用电和经费。刘老师联系实际，密切注视高校教改的前沿动态，适应农村的实际需要，结合学生的素质，及时把有关先进成果融入教学中，他设计了“交流电桥实验”“低频串联谐振实验”“电扇调速实验”“异步发电机实验”，后来又用价格便宜实用的器材增加了漏电开关、应急灯，扩充了实验项目和内容。他还结合自己的教学经验自编了《电子线路》《电工学》《家用电器》三本实验讲义，为学校贡献了一笔不小的教学财富。他的“四个电子学实验的设计与安装”项目，1989 年获安徽省优秀教学成果个人二等奖。

刘老师在教学中一丝不苟，不让任何一个学生有半点马虎，他说：“我希望学生学的知识能很好地为人民服务，我如果马虎一点，就觉得对不起以前党和国家对自己的培养。”他每次实验前自己先动手做一遍，力求做到准确无误，然后拆散，让学生动脑、动手。他在长期的教学实践中，发现以前的教学效果不好，是由于学生没有兴趣，因此，他根据农村发展的需要，经常更新实验内容，提高学生兴趣。以前实验效果不好，是由于责任没有落实到个人，后来他采取一人一组，要求每个学生独立完成，不能抄袭，这样清除了少数学生在实验中蒙混过关的念头。刘老师对每次实验都进行严格的打分制度、要求学生认真对待，及时公布成绩，这样调动了学生的积极性和主动性，对极少数态度不认真的学生，刘老师毫不心软，坚决不给予及格。同时，通过精彩的上课艺术和谆谆教导，使学生提高兴趣，原来成绩不好的学生到后来都能以良好的成绩赶了上来。因此，刘老师带的每届学生实验成绩及格率基本能达到100%，为社会输送了大批合格人才。

“废蛋壳能搞出啥名堂!”20 世纪 80 年代初，当生物系蒋立科开始利用废蛋壳为原料进行花粉破壁技术研究时，遭到不少非议和哂笑。科研道路举步维艰，但他毫不畏惧，经过两载苦心求索，终于于 1986 年 10 月攻克技术难关，研发出一项工艺简便，成本低廉，具有可靠性和先进性的花粉 IWP 破壁技术，并通过了省级鉴定。花粉 IWP 破壁研究是安徽省教委 1984 年下达给我校的课题，校生物系成立了以蒋立科为主的科研攻关小组，经过两年反复探索、试验，于 1986 年 5 月首次取得成功。世界各国早已将花粉广泛应用于饮料、食品和医药等工业方面。破花粉壁是充分利用花粉营养物质的关键。国内外虽然有多种花粉破壁技术，但一般技术复杂，耗资较大，设备较多。我校研究的花粉 IWP 破壁技术与已有的方法相比具有工艺简易、成本低廉、破壁率高、灭菌效果等特点，当时在国内处于领先地位，在国际上尚未见报道，这项研究促进了我国花粉资源的开发和利用。为使研究成果尽快投入生产，蒋立科亲自赴北京、西安、南京、合肥等地推广技术，后转让歙县养蜂厂，经国家批准，正式投入批量生产，产品定名为“黄山蜂宝”，于1988年投放市场供应。该产品经中国科技大学、中国药科大学进一步复查，认定其质量在同类产品中确属榜首。有关专家在参加1987年8月华沙国际蜂花产品会议后回来说：“目前我国蜂花产品要出口的话，黄山蜂宝最有潜力。”该产品当时已与国内外订立2400多份合同。为进一步发挥该技术的经济效益，学校又与合肥中药厂洽谈转让，成功后签订了合同。该厂以强力花粉冲剂及花粉饮料组织投放市场。同时，黄山市医药公司也与我校签订了协议。1989年12月19日在国家科技授奖大会上获得国家发明三等奖殊荣。喜讯传来，人们惊讶道：“蛋壳里飞出了铜牌奖!”蒋老师面对成功却非常淡然，一直致力于继续攀登科学高峰。

1991年，经国务院批准，我校生物系副教授徐亚君、蒋立科，终身享受政府特殊津贴。这是国家为奖励在科研、高等教育、卫生、生产第一线工作岗位上以及在社会科学、文化、艺术方面等做出突出贡献的专家、学者、技术人员而采取的一项重大措施。经国家人事部批准，蒋立科还被授予“1990年度中青年有突出贡献专家”称号。

作为一所师范专科学校，在条件艰苦、设备简陋的情况下，一边抓教学、一边搞科研，取得了诸多科研成果，实属不易。这体现了我校高瞻远瞩的办学远见，更是学校和全体师生心血的结晶，从一个侧面体现了徽州师专人忍辱负重、百折不挠、吃苦耐劳、拼搏进取的“徽骆驼”精神。

2. 合格的人才

《人民日报》《光明日报》《安徽日报》《黄山日报》先后多次报道我校的办学情况。1988 年 5 月 19 日《人民日报》发表《徽州师专办成农村师资的摇篮》一文，高度肯定了我校“坚持面向山区农村、面向基础教育的方向办学，取得了显著成绩”。《安徽日报》多次肯定了我校的学生思想政治工作。

经过十多年全校师生的努力耕耘，校园面貌取得了很大改善，教学科研方面也取得了一系列成果，向社会各界输送了大量高质量的人才，为黄山市经济发展和教育事业做出了很大贡献，在当地及省内外都产生了很大影响，真可谓“桃李满天下，芬芳洒四野”。我们取得的这些成绩是衡量该阶段办学宗旨最好的标准，也是我校教学成果最直观的表现形式。

一分耕耘，一分收获，辛勤的汗水换来了累累硕果。数学系 84 级毕业生叶静在省大学生演讲比赛中荣获一等奖，在安徽电视台主持过节目，在中央电视台亮过相，1989 年《演讲与口才》第一期的封面上还刊登了她的演讲照片；1991 年黄山市评出的“教学新秀”中，近 1/3 的教师毕业于我校。我校毕业生绝大多数坚持在山区中学任教，其中有一大批已成为骨干教师，在发展山区教育事业中发挥了重要的作用。据不完全统计，仅在1987年徽州全区普通中学青年教师优质教学评选活动中，获得优秀奖的55人中，我校毕业生就有11人，占1/5；获鼓励奖的6人中，我校毕业生就有4人，占2/3。1991年底，黄山市教委通报表彰的71名“教学新秀”中，我校历届毕业生23名，占32.4%。有许多毕业生在工作岗位上刻苦自学考取了硕士研究生、博士研究生，其中物理系77级毕业生胡晓祥同学，在美国攻读博士学位。还有30多位毕业生，如中文系彭家华，数学系江涛，物理系朱华清，化学系张惠祥、张凤皋、张旺喜等光荣赴老山前线参加对越自卫反击战，经受了战争烽火的洗礼和考验。这些毕业生为祖国的社会主义建设做出了令人瞩目的贡献。

我们不仅培养出了合格的人才，而且涌现出了许多“有理想，有道德，有纪律”的优秀学生。比如在洪水中抢险救人的化学系81级二班吴正洪、下井抢救儿童的中文系81级二班石黎生、下塘抢救落水女学生的生物系81级石斌和83级李家玉。

1987年12月10日凌晨三点三十分，119火警划破夜空，我校二食堂厨房发生火灾。面对突发状况，86级的体育系学生率先冲向火场抢险救灾，和随之赶到的同学一起用脸盆泼水、搬运物资。生物系86级学生发现汽车受到威胁，号召师生推车。不少学生从睡梦中惊醒，顾不上穿戴整齐就冲向了火场，协助搬运物资、抢险救灾、清理火场。校领导、各部处系干部、各班级的政治辅导员都迅速赶到了现场组织学生救灾，在屯溪消防队及时地支援下，一个小时大火就被扑灭了。可是由于厨房被烧，一千多名师生的就餐问题成为燃眉之急。校领导和后勤管理干部迅速采取应急措施，购买早点、增加供应。而同学们也体谅学校困难，井然有序地排队购买早点，还有的到校外进餐，甚至有的挨饿。这样一场突如其来的灾难不仅是对我校师生的一次考验和锻炼，还充分体现了全校师生员工良好的组织纪律性和强大的凝聚力、向心力。学生的英勇表现，也是学校和老师悉心教导的表现之一。

王大强是我校生物系87届毕业生。在校期间，他受到陶行知先生教育思想的熏陶，立志于投身乡村教育。毕业后，王大强回到了家乡肥东阚集中学，站在了简陋的讲台上。在当时，一些师范院校的毕业生，对于当中学教师尤其是僻远的农村中学教师不屑一顾，他们总认为农村中学条件差，学生素质低，规格层次也低，他们觉得去农村中学教书掉了身价，有损前途。甚至连那些来自农村的毕业生，拿到毕业证后，也飘飘然地忘记了那还未完全摆脱贫困落后的江东父老，忘记了师范生的光荣使命，有的还把毕业证作为争名夺利的敲门砖。可是王大强却如此的与众不同，因此受到中学领导的重视，给他安排了繁重的教学任务。

虽然刚走出校门，但是他不辱使命，挤出时间钻研教学方法、学习教学经验，同时还不断地提升自己。功夫不负有心人，他教授的生物课获得了丰收。担任班主任后，更是认真负责，不厌其烦地坚持记录每个学生行为表现的日记，从中发现规律，对症下药。一位学生辍学了，他三番五次做工作、协助解决该生经济困难，使之重返校园。虽然接手的班级原先是众所周知的差班，可是王大强废寝忘食，反复琢磨各种教育方案，精诚所至，金石为开，使这个差班摇身一变成为了“文明班级”，并获得多项荣誉，他因此也被评为县级优秀教师。“事业第一，感情第二，生命第三”是他做出的选择。遗憾的是，白血病打倒了这位坚韧敬业的老师，他三次倒在讲台上，鲜血染红了讲台，却仍然惦记自己的学生，难忘未尽的三尺讲台。王大强成为我校毕业生献身农村教育的楷模和典范。

我校以严谨的作风和求实的精神，坚持为山区教育、山区经济服务的办学方向，把培养合格的初中教师和发展山区经济作为一切工作的出发点和归宿，注重科学管理，引导学生了解社会，胸怀献身山区农村教育的理想，树立踏实苦干的作风，培养开拓进取的精神。这样培养出来的学生在山区农村教育中，不仅具有适应性，而且具有能动性，受到各界的称赞。黟县红旗中学的校长说：“徽州师专的毕业生留得住，用得上，我们欢迎这样的毕业生，分配多少，我们要多少。”安庆怀宁县教委高度评价我校毕业生的质量，认为该县一些农村中学近几年教学质量之所以迅速提高，“其中就有徽州师专毕业生的一份不可忽视的功劳”。我校培养出来的合格毕业生奋战在各自的岗位上，成为现实中的徽骆驼，不懈地将徽骆驼精神播撒向四方、代代传承下去。

3. 独树一帜的师范教育

综观1978年至1997年这将近20年的时间里，徽州师专全体师生白手起家，于荒芜中辛勤竖立校舍，在师范领域耕耘不辍；积极应对时代和形势的发展变化，百尺竿头，更进一步，不断提升教育水平与质量，谋求创新与发展。这其中贯穿着一脉相承的大学精神，正是敬业、执着、拼搏、坚韧、勤奋、进取的“徽骆驼精神”。

学校草创时期，校舍简陋，设备粗劣，人员匮乏。全校教职工、学生人数不足，专业建设不健全，设备资料几乎空白。于如此艰难困苦的情况中，全体师生负重前行、艰苦创业，于草莽中闯荡出徽州师专的基业。不仅如此，全体教职员工各司其职、敬业奉献。奉陶行知先生的教育思想为圭臬，始终坚持师范教育的办学定位，领导干部始终贯彻办学宗旨，做好规划、指导工作；教职员工坚守岗位，全力服务支持教学第一线；第一线教师在三尺讲台上谱写“传道授业解惑”的师者篇章。进入20世纪90年代后，既坚持师范为主，又适时谋求转型与发展。全体教职员工始终贯彻教学根本、学生本位，不断提高教学质量、做好学生工作，以向社会输送合格人才为己任。

奠基之时的艰难自不必说，校领导、相关部门克勤克俭，把筹集到的、节省出来的每一分钱都用在了学校建设和教学教育上；教职员工与学校同呼吸、共命运，不抱怨、不等不靠，反而自己想办法动手制作设备、收集标本，自己贴钱购买器材资料，全身心地奉献在教学中，一切都为了教育出合格的师范人才。

楼高了，钱富余了，日子宽松了。徽州师专人并没有躺在成绩簿上睡大觉，放松警惕，反而戒骄戒躁，继续发挥艰苦朴素的传统，提倡勤俭节约精神，开源节流、精打细算，以教学为中心，把资金投入到教学基础设施建设上，投入到教师学生身上，投入到教学设备器材上，这一切只有一个目的，办好徽州师专，为提升做好准备。

我校培养的定向分配师范生，主要从事中学教育工作，奋战在农村教育、基层单位的第一线。许多学生主动表示，愿意到最艰苦的地方去，到山区去，到农村中学去，为普及九年制义务教育，艰苦创业。在数学系 83 级全体党员发出的《倡议书》中，号召全体毕业生“我们是党和人民培养的大学生，不论在什么条件下，都要服从组织分配，到祖国最需要的地方去，真正做到个人选择服从党和人民的选择”。“努力提高素质，力争做一名政治思想好、专业知识扎实、有理想、守纪律的合格毕业生。”其中有一大批已成为骨干教师，在发展山区教育事业中发挥了重要的作用。他们在各自的教学岗位上兢兢业业，为党的教育事业而奋斗，做出了可喜的成绩，引起了极大的社会影响，受到各界的称赞。

20 世纪 90 年代，黄山市师范、农业人才饱和，高素质的旅游、工业、软件及计算机人才短缺，亟须一所综合性大学。为顺应这一变化，我校积极谋求更名转型。除了紧抓师范教育不放松外，逐步开设工程测量、电子技术、计算机应用、精细化工、应用生物技术、旅游保健、经济法等科类，积累经验，逐年扩大；根据学校发展和社会需要，在国家规定的专业目录范围内，并转和改造一些老专业，调整专业方向，同时自行设置非常设专业为地方定向培养专门人才。培养出来的人才输送到了黄山市区县乡政府的基层和第一线岗位，经过数年的积累，到今天已成为各单位的中坚和主要力量。

在社会科学方面，响应“打好黄山牌，做好徽文章”的口号，扶持徽州文化研究，结出了丰硕的科研成果，为地方社会文化发展做出了贡献。自然科学研究上，进一步动员和组织教师、科研人员投入经济建设的主战场，通过成果转让、接受企业技术难题招标等形式，加强学校与地方企业的合作，推动产学研联合开发，为地方经济发展贡献了力量。

20 年的艰苦奋斗，取得了辉煌的成绩，这一切都是全体徽州师专人心血的结晶。敬业、执着、拼搏、坚韧、勤奋、进取，淬炼出的正是这一阶段师专的大学精神——真抓实干。百废待兴之时，如果没有不计回报的埋头苦干，不会有明亮的校舍，不会有合格的人才；筹备更名转型之时，如果没有矢志不移的奋发进取，不会有坚固的基石，不会有丰硕的成果。大学之路，就在师专人的脚下，一步一步、踏踏实实地走出来。

（二）团结拼搏弘扬大学精神（1997—2001）

黄山高专，其前身为创办于 1978 年的徽州师范专科学校。随着我国市场经济的框架基本搭建，进入了对外开放进一步拓展的关键时期，我国加入了世界贸易组织，高等教育事业深受市场经济和社会发展巨变的影响。要求我们善于从战略的高度审视和把握新形势下高等教育发展带有全局性的主要问题，像黄山松那样高瞻远瞩。伴随着祖国的改革开放与黄山的对外开放，我校适时更名转型，融入了经济社会发展的大局。1997 年国家教委正式批准我校更名为黄山高等专科学校，标志着我校进入了一个新的历史发展阶段。这更加有利于学校扩展学科领域、扩大教学范围，使学校具有了更加广阔的发展前景。2002 年从黄山高专升格为黄山学院，由专科升格为本科，揭开了学校发展史上新的一页。黄山学院在办学过程中，坚持实事求是、追求真理、教人求真、学做真人；坚持理论联系实际，注重学生能力的培养。我校扎根地域文化，弘扬黄山松的优良品格。在师资队伍的培养，学生的培养教育，教学方法的创新方面融入了黄山特有的地域文化，自立自强、坚韧不拔、不断进取，促进了学校的更名、转型和升本，实现了脱胎换骨的质的飞跃。黄山高专的发展也培育和实践了黄山松精神，形成了一种文化现象。

1. 发展的教育

（1）人才强校，增强学校师资力量

黄山松精神作为艰苦创业精神在安徽的具体体现，毫无疑问，位于黄山市的高等院校——黄山高专也深受黄山松精神的影响。我校形成的大学精神是黄山松精神的一种表现形式。我校在办学过程中，以黄山松顶风傲雪的自强精神，克服资金等各方面的局限，引进高水平的教师，并鼓励教师的发展，全面提高教师的学历和职称层次。我校的黄澍老师认为：师资队伍的强化是非常重要的，教师的任务不仅是授业、解惑，更要传道，每位老师都要以自己良好的风范和品德来熏陶学生、影响学生，使他们成为德行高尚的人。黄老从教五十年，学高身正，才艺双馨，他在数学和书画艺术上都有很高的造诣。黄老 3 岁开始练字，10 岁临写魏碑，20 岁时书法被当时的第三战区司令顾祝同选中，书写耸立于屯溪公园中的“双七抗战纪念塔”大字及碑文，在抗战时期被称作“小上海”且人才云集的屯溪引起轰动，黄老也被誉为“江南才子”。黄老善画山水人物、花鸟走兽，尤其擅长画马。他忠于人民的教育事业，堪称教师的表率。黄山高专在发展过程中落实了人才强校的战略。首先，尊重教师，尊重人才。我校对教师、人才很重视，在职称评定、住房安排等方面为教师提供方便，切实关心教师的发展与生活，为教师的发展提供各种条件。如建设了金山小区教师住宅，解决了教师的住房问题，改善了住房条件，留住了人才。其次，引进高学历的人才，不断加强师资队伍建设，其中重要的措施就是改善学历、职称结构。我校广揽人才，以此来充实教师的阵容。学校不断引进优秀人才，到 2000 年的时候，学校已经拥有了一支实力较强的教学、科研队伍，有教职工 393 人，其中正、副教授 55 人，讲师 98 人，对国家有突出贡献的中青年专家 2 人，外国文教专家 3 人。为了改善教师的学科、专业和职称结构，学校还决定建立外聘兼职（客座）教授的机制。再次，注重对教师的培训提高。我校出台了《关于进一步加强师资队伍建设的意见》《关于建立青年教师“导师制”的意见》《关于外聘兼职（客座）教授的若干规定》等三个文件。加大引进硕士、博士来校的优惠政策的力度，推动教师引进工作重点向高学历层次为主转移。加大对青年教师的培养、提高工作，决定实行青年教师“导师制”。通过以老带新，使年轻教师迅速提高专业技能和经验。加大教师进修力度，对40岁以下的教师要求在5年后基本完成硕士学位课程的进修学习。注重对教师的培训与提高，如岗前培训、多媒体技能培训、暑期培训、学历培训、访问学者等。通过这些措施，使我校师资队伍的结构大大优化，高学历、高职称教师的比重大大提高。

（2）文化育人，提高学生综合素质

教育的发展不仅包括师资队伍的提高，也包括学生的培养，学生是学习的主体，培养高素质的学生是学校的主要任务。“一方水土养一方人”，黄山高专地处徽州，深受徽州勤俭自强民风的熏染，我校学院文化的形成根源于这种优秀的地方文化，比如，我校的许多教师祖籍就在徽州，在成长与学习过程中受到了徽文化与黄山松精神的影响，能够做到不断进取，兢兢业业，教书育人。我校在制度建设、校园文化建设过程中也融入了黄山松精神，经常组织学生参观周围的文化馆、博物馆，邀请徽学专家来校做讲座，开设地方特色课程，这些措施无形之中对学生产生了潜移默化的影响，也在我校形成了以黄山松精神为代表的校园文化精神。

在学生的培养过程中，我校也融入了黄山松的自强精神，能面对困难，自立自强。我校注重学生的专业知识，让他们拥有扎实的基本功。在日常教学与生活中培养学生吃苦耐劳的精神，要学会自立的本领，最重要的就是学好专业知识，这是生存之本。

黄山学院地处皖南小城，受经商热、选秀潮等风气的影响较少，学生能脚踏实地地从事于专业的研究。我校有良好的学风，有不少同学在周末也选择了学习，在图书馆、在教室、寝室，在不失时机地啃书充实自己。很多学生参加专升本考试或自考，先后拿到了本科文凭。我校注重课堂教学、考试环节，做好监管，确保学生能学到必要的专业知识，不打折扣，所以在实习、工作过程中，我校学生大多能得心应手，有良好的基本功。

此外，我校学生在体育运动和集体活动中也发扬顽强拼搏的精神，如 1999 年 9 月 26 日，在中华人民共和国 50 年华诞来临之际，由校团委、黄山园林开发公司、玉屏索道公司、市医院团委、民航黄山站团委、黄山旅游发展股份有限公司团委联合举办的“喜迎国庆、跨越千年、热爱黄山、立志报国——99 迎国庆黄山松杯”登山比赛在黄山风景区举行。男子第二至第六名、女子前六名均被我校学生包揽。

我校鼓励学生树立自立自强的意识，我校不少同学通过勤工俭学养活自己，发展自己。他们在课外时间靠自己或经人介绍工作，既锻炼了自己的能力，又减轻了家庭经济负担，体验了生活的艰辛，有利于更好地促进学习。提高了生存技能，为走向社会与工作岗位准备了条件。

比如蒋某，在校两年多时间内利用课外时间当家教、打过零工、推销过酸奶。他的部分学费及全部的生活费基本上是自己挣来的。通过两年多的工作和学习，他不仅磨炼了自己的意志，而且增长了阅历、增加了见识、增强了能力。

随着大学生负担的加重，越来越多的学生或经济原因或想锻炼自己而义无反顾地加入了勤工俭学这个行列。唐某，非师范专业，曾打过零工、推销过报纸、散发过广告宣传单、推销过化妆品及其他日用品，他认为做这些事情并非只是为了挣钱，更主要的是锻炼和提高自己的社交能力，增强各方面的素质，以便能更好地发展自己。

英语系的 W，来自农村，父母都是地道的农民，而两个弟弟一个在读高中，另一个也刚刚上大学，不得不为父母分忧，暑假没有回家，找了三份家教，净赚 2400 元。学生通过勤工俭学锻炼了自己的能力，减轻了家长负担，同时也为毕业工作准备了技能。烹饪专业的 F，家里收入不菲，但他暑假特意到一家大酒店做大厨的下手，尽管没挣到钱，但学到了许多新知识，手艺也大有进步。

由于受黄山松精神的影响，我校学生大多具有自立、自强的意识，在学习、就业过程中主要依靠自己的努力，不增加家庭和社会的负担，就业观也比较理性，能从实际出发。我校还十分重视思想政治工作，力求培养德才兼备的高素质人才，重视学生的品德。我校一手抓教学、一手抓管理，高度重视思想政治工作和思想政治理论课教学。有了思想政治教育的保证，使我校的学生大多成为思想进步，道德素质高的人才。

我校注重学生实践能力、就业创业能力的培养。在日常教学活动中，我们安排了实践教学环节，如思想政治理论课的参访活动、社会调查、志愿服务活动。在暑期开展实践教学活动，经常组织学生开展“三下乡”，组织“青年志愿者”在这一系列活动中，锻炼了学生的实践能力、动手能力。不少同学一专多能，考取了律师资格证、注册会计师、导游证等，有的在毕业不久就注册了自己的公司，体现了学以致用、知行合一的文化。

我校也注重人文学科及通才教育。大力提倡那些有利于提升校园文化内涵的各种学生团体，不仅锻炼了学生各方面能力，还使校园呈现出欣欣向荣的气象。我校还开设了“徽州文化”等特色课程，提高学生对富于文化底蕴的徽州文化的浓厚兴趣，积极扶持“徽州学社”等学生学术团体，使之成为徽州文化爱好者深入学习、探究的园地。培养学生的人文精神，让学生受到徽州文化、黄山松精神的影响与熏陶，成为具有黄山松高尚精神品格的人才。我校长期坚持并不断完善教学管理制度和严格的教育管理质量保证体系，孕育出了良好的教风、学风，确保了良好的教育质量。

（3）观念创新，做大做强特色专业

由于我们转变了教育观念，使学生的综合素质大大提高，因此，我校学生市场就业率高，社会评价也很好，受到了用人单位的欢迎。他们以其基础扎实，实践能力强、思想品质好而受到社会各界的普遍好评。历届毕业生体现出的公认信誉，使学校获得了良好的办学声誉和社会信度。2001 年我校应届毕业生 810 人，其中师范类 594 人，非师范类 216 人。非师范类平均一次就业率为 84.7%，就业形势进一步好转。特别是英语教育、数学教育、旅游经济、烹饪工艺等专业就业形势较好，其大部分毕业生都愉快地走上了工作岗位。2001 年我校就业形势可以用“三多二少一提前”来概括，即到非公有制单位的毕业生增多了；到大城市临时打工的毕业生增多了；到沿海发达地区打工的增多了；要求派遣到单位、正式落户和转人事关系的毕业生减少了；师范类要求改行的毕业生减少了；毕业生开始找工作的时间进一步提前。这可以看出我校学生的自立意识、创业意识较强，不等不靠，通过自己的摸索与实践创造美好的未来。

作为地方性院校，要在激烈的竞争中立于不败之地，就要办出自己的特色，做大做强特色专业，根据地方经济社会的需要来培养人才。我校的优势与特长是什么呢？我校提出“要继续高举师范教育的大旗帜，在全面办好现有师范教育专业的前提下，充分发挥地方优势，加强学科建设。要以旅游、外语为先导，打好‘黄山牌’，以中文、政史为依托做好‘徽文章’。要打好‘黄山牌’如加强与黄山各界、特别是旅游界的联系，借助黄山，把学校的牌子打出去。要做好徽文章，全面加强徽州学研究，目前重点应放在戴震、陶行知研究方面，然后逐步铺开，并借助徽学研究，扩大学校的知名度”。师范专业原本是我校的强势专业，在这个前提下，利用徽州特色的地域优势办好外语、旅游等特色专业，是符合我校实情的。我校以地域文化为依托，对专业进行了调整，在保持师范专业优势的前提下，做大做强与徽文化和旅游有关系的专业。我校在更名转型的时期，坚持发展是硬道理，扎扎实实，努力提高教学科研水平，体现了黄山松坚韧不拔的拼搏精神。

2. 发展的大学

(1) 努力改善办学条件

从徽州师专到黄山高专的转变，再到升格为黄山学院，我校发生了脱胎换骨的变化，可以说是创业艰难百仗多，没有吃苦耐劳和开拓创新的精神是不行的。我校在办学过程中，不断加强硬件、软件建设，实现了学校的更名转型与升本，与林校合并，实现了专业的整合，并且把握开放的机遇，利用各种外部条件为学校发展建设服务。同时学校积极回报社会，为地方经济社会服务，并培养了大批合格毕业生。在这一转型升格的过程中，我校大力弘扬团结拼搏的黄山松精神，自强办学，顽强拼搏，开放包容，积极争取社会的支持，促进了学校的发展。

黄山高专在更名转型的阶段，可以说是百废待兴，教学资源缺乏，待遇微薄，但广大教师努力克服困难，保证了教学质量，黄山高专人有一种忧患意识，不断实现自我超越。学校的更名转型，标志着我校的改革和发展进入了一个新的历史发展阶段。

我校发扬黄山松顶风傲雪的自强精神，努力改善办学条件。加大实验室建设的力度，集中财力扶持建设一批重点实验室；加大图书馆现代化设施建设的投入，加大校图书馆馆藏；当时我校的图书馆在全省高校中还是排在前列的，建筑面积为6300平方米；此外还加大学生公寓、食堂的建设力度等，这些设备的建设完善了办学条件。我校师生自己动手制作标本，为学校和国家节约了大量经费。2000年，我校皖南山区动植物标本室及展室建立。这是我校生物系老师三年来放弃假期、休息时间，带领学生顶烈日、冒酷暑在皖南山区深山老林里采集标本的成果。三年累计，植物标本野外采集工作达350人次，采集标本数千份，自制1500余份；动物标本野外采集500人次，自制浸制标本1010瓶（件）（其中无脊椎动物360种，鱼类160种，两栖动物23种，爬行动物53种），有剥制标本400多种（其中鸟类236种，兽类65种）。这充分体现了黄山松自立自强，顽强生存、不讲索取、专讲奉献的优良品格。

除了独立自主改善硬件条件以外，我校还注重软件建设。加大引进高学历层次教师的力度，引进了一批硕士生、博士生，并做到事业留人、待遇留人、感情留人，从而逐步提高了我校教师中高学历教师的比例；培养了一批骨干教师和学科带头人，在职教师则通过参加在职硕士研究生课程进修班提高学历层次；通过与全国名牌高校的合作办学，"借船出海"；此外，还外聘一批客座兼职教授，发挥名师的指导作用，并通过"传、帮、带"让一批青年教师尽快成长起来。师资结构的改善促进了学生的办学层次提高。

我校还将地方文化积极融入学生的培养过程当中，培养学生自强自立的精神。黄山学院努力实践陶行知先生教学做合一的思想，理论联系实际，培养学生的实践动手能力，注重实习环节，为建设应用型本科奠定了良好的基础。在办学过程中，充分利用黄山得天独厚的自然和人文条件，突出地方性、应用性和特色性，积极扩大规模，全面优化结构，深化教学改革，保证教学质量。

我校注重学生实践经验的培养，理论联系实际。

并为学生锻炼实践能力创造条件：总投资300多万元建成的徽风苑包括烹饪工艺教学实验室和旅游系教学宾馆两部分。不仅扩充了旅游系教学硬件设备，并且有助于软件教学得到更好的开展，切实贯彻“学以致用”，理论联系实际以及“请进来，走出去”的教学新思路。

（2）重视教学科研工作

我校教师积极实践陶行知先生的教诲，勤勤恳恳、兢兢业业，教书育人。而广大学生也能勤奋求学。我校确定了教学的中心位置，促进教改教研深化。教人求真，学做真人，不仅体现在学习态度上，也体现在学习方法上。如何获得知识，胡适有句名言，叫“做学问要于不疑处有疑，做人要与有疑处不疑”“宁可疑而错，不可信而错”，主张存疑主义，实际上是善于思考发现问题。所以我校在教学方法上由灌输式转变为讨论式、启发式教学，将知识的传播与能力培养、素质提高结合起来，注重创新思维与创新能力的培养。徽州教育注重普及大众教育，我校的招生规模也连年扩大，满足了普通百姓子弟接受高等教育的需求。

教学方面的进步，体现了黄山松顽强拼搏的进取精神。这种精神鼓励着我校教师不断进步，也使我校能够在激烈的高等教育竞争中立于不败之地。

我校历来重视科研工作，坚持以学科建设为龙头、教学科研并重的建设定位；以科研项目作为牵引力，拉动学科建设和师资队伍建设，同时注重加强国内外的学术交流和科研合作。我校建立了《教研科研立项制度》《教研科研成果奖励暂行办法》等管理制度，建立了教研科研出版基金，大力资助出版或发表高质量的学术专著和论文。有了制度和基金的保障，调动了大家搞科研的积极性。因此，全校教研科研热情高涨，学术氛围浓厚，科研成果斐然。自然科学中动物、植物学研究，人文科学的徽文化研究取得过令人瞩目的成绩，科研工作在全国师专中处于领先位置。

由我校主持，戴震研究会、戴震纪念馆、黄山高专古籍整理研究会联合编纂的《戴震全集》从 1991 年 4 月开始编辑出版，到 1997 年 7 月的第 5 卷、1999 年 2 月的第 6 卷，由清华大学出版社全部出齐。该书主编为叶光立，编委王飞龙、方立山、吴文慧、汪大柏、汪柏树、秦效成等老师都付出了辛勤的劳动。

1999 年，安徽大学成立了徽学研究中心，但我校在徽学研究上占有得天独厚的区位优势。在这种情况下，发扬独立自主的黄山松精神，开展徽学研究。我校的姚邦藻、汪柏树等一批学者还编写了乡土文化教材《徽州学概论》，并于 2000 年公开出版。如果说《戴震全集》的编辑出版是我校在徽学资料整理方面的一部力作，那么《徽州学概论》的编辑出版则标志着徽学这一学科的进一步成熟。这是第一部对徽学、徽州文化作全面论述的著作。从地域文化的角度，运用宏观与微观相结合的方法，将徽州学作为一门独立的学科，并对之进行综合的全方位、多层次的论述，本书尚属首例。汪柏树、秦效成等老师在图书馆查阅资料时，天气很冷，补贴又很少，但他们仍然坚持工作。

在2000年2月23日《黄山日报》公布的82项1994—1999年度黄山市科技进步奖中，由我校教师主持申报的三项科研成果榜上有名。我校原生物系教授蒋立科等主持的“鳖性别分化导向及提高产卵率技术的研究”项目，校办工程师孙中胜编著的《微机应用快速入门（修订版）》《计算机文化基础》和化学系汪明礼副教授等主持的“溴化锂制冷液”项目均获三等奖。

黄山学院在办学理念上，继承了徽州文化的精髓，同时弘扬了黄山松的精神，积极开拓创新，走应用型的路子，适应社会的需求，依据地方特色，打造徽学、旅游、生态等特色亮点。立足于地方经济、为社会服务。努力办好非师范专业，注重提高教学水平和科研水平。所以说我校的办学思路是清晰的，办学特色显著，与林校合并后，两校优势互补，为黄山学院的组建奠定了坚实的基础。这也充分体现了黄山松众木成林的团队精神。

我校还发扬了黄山松广迎四海的开放精神，积极争取社会对学校的发展支持，如台湾著名爱国人士华藏精舍主持净空法师个人捐助在黄山高专设立了“孝廉奖学金”。我校于1992年申请的“世界银行贷款师范教育发展项目”在1998年完成。我校还经常邀请外校专家学者做报告，进行学术交流。

（3）培养敬业奉献人才

黄山松精神包括全心全意的服务精神，我校也大力弘扬这种精神，使学生做一个乐于奉献、为社会服务的人才。黄山松索取很少，但贡献很大，全身都是宝，可以防风固沙、保持水土、改良环境，还可以做木材和化工原料。黄山松精神其实也是一种奉献精神，体现了共产党人全心全意为人民服务的宗旨。

我校教育事业的发展，为社会做出了突出的贡献。建校20多年来，学校已为国家培养了10000多名合格的大专毕业生。他们以其专业能力强、思想品质好、基础知识扎实、实践能力强而受到省内外用人单位的普遍赞誉。广大毕业生在各自的岗位上默默为社会做贡献，以自己的行动实践着黄山学院精神。

优秀的毕业生源于良好的学校教育。在黄山松精神的熏陶下，我校学生的思想政治素质较高，比如97中文（2）班的郑念祖曾经同学捡到一个皮夹，内有现金240元、一串钥匙、证券卡以及名片等物，证券卡价值一万多元，她交还了失主——市外贸车队的徐联勤女士，并拒收酬金，甚至连姓名都不肯告诉失主，这种拾金不昧的精神实在可贵。诚信做人，对于就业乃至人生的发展都是十分重要的。

我校学生积极参与有益的社会活动，比如我校师生多次踊跃参加无偿献血活动。2001 年 9 月 19 日，黄山市红十字会无偿献血流动车驶进黄山高专，开始了我校一年一度的采血工作。截至当天下午 5：40，登记参加献血者已达到 208 人，其中 2000 级旅游（2）班有 24 人参加，占该班人数的一半。由于工作人员少，当天还有将近 40 多人只能等到第二天。我校师生多次为灾区捐款，表达爱心，参加志愿者活动，体现了黄山松全心全意的奉献精神，与我党全心全意为人民服务的宗旨也是一致的。

我校学生积极参加社会志愿服务活动，发扬雷锋精神。2000 年 3 月 10 日，我校 15 位教师和值劳动周的 1999 级英语（3）班 28 位学生到屯黄公路双岭隧道段附近参加了全市统一组织的义务植树活动。我校还多次举办学雷锋活动，把雷锋精神一代代传承下去。再比如，2011 年 10 月 27 日，黄山高专青年志愿者义务家教服务中心在昱西街道办事处成立，其宗旨是服务于社区，无偿为贫困家庭提供家教服务。虽然都是小事，但同样体现了崇高的黄山松精神。

1997 年 12 月 14 日，78 岁老人宁永吉在黄山市屯溪隆阜金山脚下的池塘边钓鱼，突然一阵头晕目眩，顿时失去知觉栽入水中。在危急的情况下，我校 1996 级中文系学生胡晏桥同学毫不犹豫地跳入不知深浅、冰冷刺骨的水塘，将这位素不相识的老人救起。

为救学生而英勇献身的朱长海老师是黄山学院思政部（原政史系）2000 届思想政治教育专业毕业生，曾担任班长。毕业后在天长市金集中学任教，因为工作出色，朱长海曾获天长市十佳“师德标兵”和滁州市“模范教师”等荣誉称号。2006 年 2 月，朱长海曾精心组织策划的“爱环助学”活动启动，他带领全校师生行动起来，“伸手弯腰”捡起废弃物，集中兑换筹集善款。八年如一日，该项活动共收集有价值的废旧物品 30000 余斤，筹集“爱环助学”资金近两万元，受助学生 225 人次。2014 年 5 月 27 日中午，初三的女生小林闹情绪，给班主任朱长海留下便条，说自己准备离家出走。朱老师发现后立刻向班上学生和家长了解情况，多方寻找，并于当晚 22：30 左右找到小林。朱老师耐心细致地开导学生，反复做其思想工作，劝说其安心回家，最终小林答应回家。但不料刚踏出大门，她突然爬上窗户欲跳窗自杀。千钧一发之际，朱长海快步上前想从身后拉住学生，却因救人心切身体重心前倾，与学生一同从三楼坠下。下坠时，他仍用身体托住学生，最终学生受轻伤，而他却因为伤势过重，献出了年仅 37 岁的生命。

英雄的事迹感染了很多人，社会各界以各种形式学习、纪念朱长海老师。天长市追授他为“优秀共产党员”“见义勇为先进个人”。朱长海老师以自己的实际行动诠释了黄山松的奉献精神。

3. 一体两翼的高等专科教育

黄山学院在发展过程中，立足于为地方经济、社会服务，努力办好非师范教育，提高教学水平和科研水平。在这个阶段可以说是一体两翼的教育，即师范类与非师范类并存。

在2001年的时候，学校设有9个系，招收学生专业有15个。其中，师范类专业有汉语言文学、政史、英语、数学、物理、化学、生物、体育、计算机教育等；非师范专业有旅游经济管理、英语导游、烹饪工艺、美术、会计、应用电子技术等；同时另设4个应用型专业，这些专业涵盖了教育学、法学、艺术、文学、理学、工学、经济管理等学科门类，初步形成了师范与非师范并存、多学科综合发展的专业体系。

我校的师范教育，有坚实的基础和良好的传统，也是我们的立校之本。师范教育的发展，为地方基础教育培养了大批老师，广大毕业生在平凡的岗位上默默奉献，体现了黄山松的精神。但是，在20个世纪90年代以后，我省的中学师资已经出现供大于求的现象。同时，为了适应市场经济与产业升级的需求，我校适时进行了专业的调整，为办好应用型学校做好了准备。

非师范专业的发展，适应了社会的需要，使得我校的就业率一直比较高。我校非师范专业毕业生一次就业率连续三年名列全省专科学校榜首，并呈逐年上升趋势，旅游、烹饪等专业的就业率高达100%，同时还出现了供不应求的状况；英语等专业的毕业生也十分抢手。

师范专业和非师范专业一体两翼教育的同时发展，体现了大学兼收并蓄和黄山松包容的精神。在这一阶段，无论是师范教育和非师范教育的办学层次都得到了提高。

随着学校的发展与办学规模的扩大，我们已经开始走内涵式发展的道路，在新的历史条件下，仍然会面临新的挑战，仍然需要发扬自强不息、顽强拼搏、开拓进取的黄山松精神，为创办更高层次的大学而努力奋斗。

（三）经世致用与时俱进——建设高水平的应用型大学（2002年至今）

2002年5月17日，黄山学院正式挂牌成立，在盛大的庆典仪式之后，黄山学院人就开始讨论一个迫在眉睫的问题，即办什么样的黄山学院、怎么办好黄山学院。虽然在资金、人才、办学条件方面先天不足，但黄山学院人深知，取法乎上，行得乎中，取法乎中，行得乎下，必须以一流大学的标准要求鞭策自己。为此，黄山学院人先后三次开展全校教职工教育思想观念大讨论，最终确立我们的目标定位是建设高水平的应用型大学。黄山学院人认为，办应用型本科高校是突围老牌大学与高职院校的重要举措，黄山学院要走对得起学生，对得起社会，能发挥老师潜力，有利于自己发展的路子，并且将之坚定不移地走下去。这不正是“教人求真，学做真人”的最好体现吗?!

1. 以教学科研服务地方经济社会的学院人

1）林业科技的领路人——方乐金。他撰写的论文多次在国家级、省级学术刊物发表；主持和参加国家、省、市级科研项目 21 项，获省级科技进步奖 8 项，厅市级科技进步奖 9 项。他是“全国优秀教师”，他是省政府特殊津贴获得者。他就是生环学院的方乐金教授，安徽省林木育种和栽培技术的专家，一位干练而谦和的学者。

在我国人工林生产过程中，杉木采伐迹地连作种植杉木，生长量大幅度下降，成材效果很差，原因在于土壤理化性质发生了劣变和退化。栽种一茬枫香树，大量枯枝落叶腐烂分解，对恢复地力作用很大，因此安徽省在近十年中栽植了大面积的枫香人工林。但是枫香树材质不理想，不能做高档家具，长期种植又有病虫害问题，不适宜长期大面积种植。针对安徽省林业生产面临的这一重大问题，方乐金领衔的科研团队开展杉木采伐迹地更新树种选择研究，选择不仅材质高档，用途广泛，而且改善和恢复地力效果相同的光皮桦、南酸枣等树种开展系统的栽培技术研究。省林业厅委托方乐金主持开展的“皖南落叶阔叶树种育苗与造林技术项目研究”（第4期世界银行贷款项目），自2003年适时启动，在旌德县、祁门县建立了大量的试验林，历时5年的观测、分析和筛选，提出了适合皖南山地针叶人工林采伐迹地更新的阔叶树与针叶树混交、阔叶树纯林丰产栽培模式，显著提高了林地生产效益。2008年12月，通过了省级鉴定，研究成果达到国内同类研究的领先水平。

黄山风景区植被保护与旅游观光这一对矛盾相互对立而存在，玉屏楼前一边是游人如织，一边是随处可见的裸露石头以及危在旦夕的青松绿草。为了恢复黄山景区绿色植被的生长，让世界自然与文化遗产地永葆青春，方乐金利用林学学科的优势，2008年联合黄山风景区向市科技局共同申报了这个攻关课题。他们面临的困难是不言而喻的，选育植物既要适应黄山高海拔气候多变、石多土少的恶劣生长环境，又不能采用外来物种，以避免生态风险，选择范围是十分有限的。目前方乐金他们正在精心选择植被种类，并采种、培育幼苗，开展风景区植被恢复研究工作。

红蜘蛛（细纹新须螨）对黄山松健康生长的危害是一件令人头痛的事。景区每年要花几十万元，仅靠人工喷洒杀虫剂防治虫灾。以方乐金教授为主的林学科研团队现在也已获准省科技厅的立项，考虑利用生物细菌进行防治，红蜘蛛一旦接触细菌，细菌就会在红蜘蛛身上繁殖，最终红蜘蛛病亡。他们已引进了十几种真菌菌株，正在培养和筛选对红蜘蛛进行生物防治的有效菌种。

大量的研究工作总是要深入山间林内，跋山涉水、风餐露宿、摔跤刺伤，是常有的事。尽管没有生命之虞，但一天到晚爬山不止，饿了吃干粮，渴了喝冷水，也不是一般人都能忍受的，可是方乐金无怨无悔，执着而坚定。

2）攀登高峰的捕蛇者——黄松。他是蛇类研究专家，娴熟的捕蛇能手，手上伤痕累累，视蛇为宠物，他就是生环学院的黄松教授。

2008 年，黄松主持的“中国亚洲蝮属高原类群系统发育地理学及分类学研究”获国家自然科学基金 32 万元的资助。高原蝮生活在高原，主要生活在青藏高原隆升过程中形成的横断山的沟壑里面。研究高原蝮，就是研究青藏高原地质历史的信息。

西藏是很难发现蛇的，可是 2008 年他到西藏海拔 4640 米裸露的高原区，在拉孜县很偏僻的，在一眼小温泉中发现了温泉蛇。他惊诧于这么恶劣环境中蛇的存在，那个地方是目前发现的最高蛇类栖息地。黄松好不容易抓住它，坐在石头喘气了 5 分钟，这个地方太缺少氧气了。

黄松介绍，在西藏高原隆升的过程中，很多蛇都灭绝了。在温泉附近它能存活，而且还很活跃，真是奇迹。它是一种孑遗物种，它的亲戚都死得差不多了。

这种只有西藏才有的温泉蛇极具科研价值，因为它的基因里面蕴含了整个青藏高原隆升过程的历史信息：青藏高原什么时候开始隆升？隆升的幅度，什么时候隆升到现在的高度？在地质学上还存在争议。温泉蛇在隆升之前就已经存在了，随着高原的隆升，隆升的历史就蕴含在它的基因中。高原一边隆升，一边温泉蛇的基因就会发生变化。根据这些变化，可以通过分子地理学的理论和方法解决这些争议。

这就是黄松博士的研究方向：动物系统发育与分子地理学。还有一个就是蛇类学。

黄松更是钟情于我们黄山蛇的研究。尖吻蝮——俗称“五步龙”，也就是祁蛇，黄山地区较多，有剧毒。黄松把全中国存在祁蛇的地方，都去进行了采样，并测出了它的遗传基因。得到的结论是，黄山地区尖吻蝮的遗传多样性是最高的。基因是物种进化的基础，没有差异，就是没有进化的潜力。如贵州、重庆取 10 条蛇，全都一模一样，如果遇到灾难，这个基因的蛇灭亡了，就全都灭亡了，而如果基因差异大，能抵抗灾难的基因的蛇就能幸存下来。黄松认为，中国要保护尖吻蝮，首先就是要保护黄山地区的尖吻蝮。因为保护了黄山地区的尖吻蝮就等于保护了中国尖吻蝮大部分的遗传多样性。从保护经济学角度看，保护黄山的尖吻蝮可以得到最大的产出、投入比。

黄松说，目前保有一个遗传上健康的人工种群，是保护濒危动物的有效方法。动物既不能太近亲交配，也不能太远源杂交。他做的尖吻蝮研究课题得出中国有三个各具特色的尖吻蝮遗传种群：黄山、武夷山和重庆贵州种群，遗传上各具特色，在遗传学有重要意义。

黄松每年都去西藏。除了无人区以外，70%的有人区都去了，每天要走二三十公里路，高原缺氧，就是空着手走，也相当于我们在平原背二十公斤的重物。可他却要一直向上攀登，因为那是一座座科研的高峰。

当然，黄山学院人在科研领域的突破与努力更加得力于学校整体上的规划布局，即以建设应用型大学为最终指向。建设应用型大学的一个重要指标就是教学科研为服务地方经济社会发展做贡献，以服务求支持，以贡献求发展。通过服务地方，实现学校的办学定位和自身价值，赢得办学资源，开拓办学空间，增强办学活力，探索一条有特色的新建应用型本科院校之路。在这十年期间，黄山学院人的努力可谓成绩斐然。

2. 立足地方，规划学科专业建设

黄山学院成立之初，根据地方经济建设和社会发展的需要，针对黄山市提出的建设旅游大市、文化大市、生态大市的发展目标，确定了“打好黄山牌，做好徽文章，建好生态园”的学科建设思路。

围绕“打好黄山牌”，重点办好与旅游经济相关的旅游管理、市场营销、旅游英语、烹饪工艺、烹饪与营养教育、艺术设计（含旅游工艺品设计与制作）等一批有特色的专业学科群，切实为黄山国际旅游城市的建设和发展，特别是旅游事业的发展提供人才保障；围绕“做好徽文章”，大力扶持与传承同徽州文化相关的汉语言文学、建筑学（含徽派建筑）、美术学（含新安画派）、烹饪工艺（含徽菜）、自然与文化遗产保护等有传统文化底蕴的专业学科群，以弘扬和传承徽州文化，使其永远立于世界文化之林为己任；围绕“建好生态园”，积极主动地发展与黄山生态环境保护相关的生态学、林学、园林（含徽派园林）、环境监测与治理技术、资源环境与城市环境、野生动物与自然保护区管理、生物技术等实用性专业学科群，努力为保护好黄山这一世界自然文化遗产的生态环境尽到我校的职责。

学校以“服务地方经济建设”为专业设置与布局的主要依据。近年来新增的自动化、计算机科学与技术、电子信息工程等专业，支持黄山市信息化建设；新增公共事业管理专业，支撑现代社区建设与管理的需要；新增日语专业，增设旅游管理中韩班，适应地方建设对外交流需要；新增机械设计制造、化学工程与工艺等专业，组建应用化学研究所，支持黄山市企业发展的需要；世界遗产研究所和省人文社科重点研究基地"安徽省非物质文化遗产研究中心"的成立则将在黄山市自然遗产、文化遗产及非物质文化遗产的开发与保护等方面发挥重要作用。

为了使学科专业建设更加契合地方经济社会发展的需求，学校各院系与地方政府和企业进行广泛交流，了解产业政策、产业布局、发展规划；同时通过对黄山市及周边县市的人才市场和企业的连续跟踪、实地考察调研，深入了解人才需求和企业需求情况。在学习实践科学发展观活动中，为适应地方主导产业发展的需求，探求学校科学发展之良策，校领导班子分组深入到黄山市三区四县开展调研，问需于地方政府与企业，为进一步优化学科专业建设、调整课程设置提供了基础性依据。

3. 加强产学研结合，服务地方经济建设

实践证明，产学研相结合是学科建设服务地方经济建设最直接、最有效的途径和方式。近年来，黄山学院对接地方主导产业，承担黄山市经济社会发展课题7项，并与其他高校合作，承担了"黄山风景区生物多样性调研"项目，"安徽省（皖南片）物种资源调查"项目，"金头闭壳龟的栖息地调查与保护"项目以及"黄山机场鸟情调查"等项目。这些项目立足于解决工作生产一线问题，加强产学研结合，成为推动地方经济建设和发展的一支重要力量。具体体现在以下三个方面：

一是积极做好产学研课题申报，一对一对接帮扶企业。首先，积极参加安徽省教育厅、科技厅组织的各类产学研项目的对接与课题申报，如胡善风教授先后主持的“齐云山旅游开发规划”和“徽杭高速公路徽州文化景观设计”，研究成果成为政府和企业进行旅游规划的重要参考；唐鑫生教授主持的省教育厅重点产学研项目“中华大蟾蜍在皖南茶园生物防治中的应用和回收加工技术研究”，研究成果可以为企业解决重大问题；汪小飞副教授主持的黄山市重点课题“黄山耐寒耐荫室内观赏植物资源选育与推广”与园林企业合作，力求将科研成果运用到具体生产实践中，以提高企业生产力。其次，多方争取横向产学研项目研究，以产学研项目研究为纽带，为地方经济建设服务。如房江育教授与安徽省农业科学院茶叶研究所进行合作，主持的子项目“基于土壤微生物角度的茶园土壤退化成因及防治与修复技术”，着眼于从土壤微生物的角度研究茶园土壤退化（土壤酸化、土壤肥力衰减）的成因、防治与修复技术，最终将通过研制出能够修复茶园土壤酸化、提高土壤有效养分含量的复合菌剂，而提高茶叶的生产质量和产量；艺术系张忠平老师先后参与黄山旅游节策划及节徽设计、黄山紫藤茶馆、华山宾馆等项目的艺术设计与指导，陈尚勇老师先后参与黄山市世纪广场世纪虹城市雕塑工程、新安江大桥徽州文化浮雕护栏工程、黄山七茶馆装潢工程等项目的设计制作，赢得了良好的社会效益和经济效益。

二是通过科技成果转化主动服务地方经济建设。我校林学专家方乐金教授主持研究的“毛竹实生苗造林及配套培育技术研究”和以第一责任人参与的“枫香良种选育与丰产栽培技术研究”，其成果已成为我省皖南山区、大别山山区大规模发展毛竹造林的重要技术保障，均获得黄山市科技进步三等奖。徐圣友副教授主持的国家重点实验室项目“新安江（黄山段）水体磷污染特征与控制对策研究”，研究成果为黄山市生态环境保护中水资源保护的重要基础。此外，学校教师还积极将科研成果融入企业，提升企业市场竞争力。如方红霞教授带领应用化学研究所近年来主要开展天然高分子材料的高值化以及新材料的研究和开发工作，积极加强与相关生产企业的横向合作。项目“一种高性能快干聚真空镀铝膜烘漆的制备及其应用”转让黄山永佳集团；以成果注入形式与黄山永新合作申报了科技部科技人员服务企业行动项目“增强型超高阻隔复合软包装材料的研发与应用”；项目成果“高性能环保型木质素基酚醛胶”已申请国家专利，并通过“金桥工程”在黄山金竹人造板实现了规模化生产等。

三是主动联系企事业单位，为其解决发展中的难题。学校一直鼓励专家、教授走出课堂、走出实验室，投身到地方经济建设大潮中。如化学系教师主动联系黄山市天马纺织厂，得知该厂投入20多万资金自备深水井一口，但井水含有过量的铁和锰，无法用于生产的问题后，本着节约和环保的理念，他们因地制宜，对“深井水除铁除锰技术研究”进行立项，采用低成本低投入的方法，提出除铁除锰工艺模型，并进行试验，为纺织厂提供了技术参数，解决了企业发展的瓶颈。旅游学院应邀为黄山市徽州区潜口镇蜀源村制定旅游发展规划，就进一步恢复和发展该村乡村休闲旅游提出可行性意见和建议。生环学院应邀先后到龙源谷旅游景区和三溪旅游景区进行生态考察，对沿线植物进行鉴定挂牌，并提出建设和发展规划。经济管理学院与屯溪区社区建设领导小组办公室签署社区共建协议，将根据屯溪区社区建设与管理需求，以第三方和学术研究者身份参与社区的建设与管理。

为了整合区域资源、加强黄山学院科研与区域各级政府的联系，实现各区域“产学研”合作，学校发起组织了区域旅游科研发展研讨会，邀请黄山市三区四县以及婺源县、绩溪县旅游委员会的负责人齐聚黄山学院，与会人员讨论通过并最终形成了《区域旅游发展宣言》。

此外，近年来，学校多名教授、博士被聘为黄山市科研项目评审专家、征占用林地评审专家、环境项目评审专家、动物物种鉴定专家、企业技术顾问。学校还参与了市里许多重大项目、重点工程的调研论证工作。随着以教授、博士为骨干力量的高层次人才队伍的不断壮大，科研能力不断增强，学校对应用科研的重视和投入不断加大，必将对地方经济建设做出更大的贡献。

4. 发挥人才智力优势，服务地方文化社会发展

学校依托丰富的人文社科资源，充分发挥人才智力优势，积极参与文化建设和保护，为地方提供政策、法律和管理等方面的决策咨询、教育培训，取得了十分显著的成绩。

学校秉承博大精深的徽州文化资源，将徽州文化研究、宣传和保护作为一种历史责任，在资料建设、阵地建设、团队建设、学术交流、项目研究等方面构筑了黄山市徽州文化整理、研究和传播主阵地。从20世纪90年代起，学校共投入100多万元收集徽州文书等计80000份，徽州家谱近400部，为全国收集徽州文书最多的单位之一。2007年8月中旬，我校徽学专家方利山致函温家宝总理，呼吁加强徽文化保护，陈述成立徽文化生态保护区的必要性与紧迫性，温总理很快就此做出了重要批示；随后，时任省长王金山也做出了专门批示。黄山市为落实总理批示，随后安排了“徽州文化生态保护区”申报、规划、论证等一系列工作。2008年1月，跨皖赣两省的国家级“徽州文化生态保护实验区”宣布成立，标志着徽州文化保护

利用进入了一个新阶段。

学校充分利用自身充沛的人力资源、空间资源、设备资源等，为地方提供决策咨询和教育培训，为组织重大社会文化活动提供援助和方便等。如学校与黄山市联合举办首期人力资源管理师培训班；旅游学院常年帮助黄山市旅游企业和单位进行专业培训，帮助旅游企业进行景区景点和宾馆饭店的标准认证，体育系教师受聘担任黄山市教练员岗前培训授课工作；建筑系与市建委共同举办工程造价培训班。近年来，学校先后承担了“同一首歌·走进黄山”大型演唱晚会、黄山市建市20周年庆祝大会、第四届中国国际徽商大会、奥运火炬黄山站传递、黄山国际旅游节徽文化节等多项大型活动的观众组织、会场安排、志愿者服务等任务。学校图书馆还成为黄山市文化大市建设的要素之一，徽州文化资料中心已成为黄山市徽州文化资料数量最集中的场所之一，学校生物标本室已成为黄山市最齐全的动植物物种展示中心。

黄山学院人建设高水平的应用型大学的另一个重要指标则是培养高素质的应用型人才，毕竟一个大学最重要的成果就是它培养出来的一届届毕业生。为了强化学生的实践应用能力，黄山学院精心组织学生参加各类专业竞赛、科技竞赛，以赛带学、以赛带练，促进学风和校风建设，全面提升学生综合素质。我们以2009年我校各专业学生在校外各级各类竞赛中的获奖为例。

在被誉为当代大学生科技创新的“奥林匹克”盛会的“挑战杯”全国大学生课外学术科技作品竞赛中，我校团委组织大学生2006年首次参赛以来，每年均有良好表现，2009年喜获突破。艺术系学生参赛作品《新式调音竹笛》获第十一届“挑战杯”全国大学生课外学术科技作品竞赛决赛三等奖，该作品是在省“挑战杯”比赛中获得特等奖跻身全国决赛的；此外在省赛中，文学院学生作品《黄山市目连戏现状调查》获一等奖，建筑系学生作品《“行人错认百花潭”——解读徽州水口》获得二等奖。

建立在信息工程学院的“黄山学院创新实验室”，以应用型人才培养、促进创新人才成长、践行大学生素质拓展为基本理念，2009年完成了电子设计竞赛队、飞思卡尔智能车竞赛队、RoboCup竞赛队、文科竞赛队等大学生竞赛架构的组建。通过强化训练、理论运用于实战，2009年获得多项竞赛殊荣。在安徽省第二届“飞思卡尔杯”智能车（光电组）竞赛中荣获一等奖、三等奖，在第四届“飞思卡尔”杯智能汽车比赛华东赛区比赛中荣获二等奖和优秀奖；在全国大学生电子设计竞赛安徽赛区比赛中，荣获2个二等奖和1个三等奖；获全省单片机竞赛二等奖；获省首届大学生机器人足球比赛二等奖、三等奖；在2009中国机器人大赛暨RoboCup公开赛中，获RoboCup仿真2D

竞赛第15名，获仿真3D竞赛第16名；文科队在首届安徽省动漫创意设计竞赛中，获DV组三等奖。

旅游学院鼓励和组织学生参加各种专业技能比赛和创业大赛，进行技能展示汇报，促使学生主动地进行各类实践训练。2009年在第二届全国高等学校烹饪技能大赛暨首届全国高校餐旅类专业大学生创业大赛中，旅游学院代表队获得了大赛唯一的最佳理论奖，并蝉联了这个奖项。同时，创业队参赛队员获得“创业之星”奖项，烹饪技能大赛代表队获团体银奖，创业大赛代表队荣获餐旅类专业大学生创业大赛团体三等奖等。

艺术系针对专业动手实践较强的特点，积极加以引导，培养学生的竞赛意识，精心组织学生参加各类专业竞赛。在第三届全国大学生广告艺术大赛安徽赛区比赛中，艺术系学生作品获二等奖、三等奖各1幅，入围奖2幅；在第七届中国环境艺术设计学年奖比赛中，艺术系设计专业学生的2件作品入围；在全省“可爱的安徽”地方音乐作品汇演评选中，音乐专业学生合唱团的《木坑竹海》荣获二等奖，是同等参赛院校中唯一获奖的节目，学生表演的器乐、独唱分获二等奖，舞蹈获三等奖，我校获“优秀组织奖”。在安徽省大学生美术作品展中获2个银奖、1个铜奖。在安徽省第三届竹笛大赛中，音乐专业学生荣获青年组二等奖。

数学建模是运用数学的语言和方法，通过抽象、简化建立能近似刻画并解决实际问题的一种强有力的数学手段。教务处、数学系积极组织开展数学建模竞赛的培训与参赛活动，提高理工科学生的数学应用能力和创新思维。2009 年我校数学系、信息工程学院、化学系、建筑系、教育系等 5 个院系学生参加全国大学生数学建模竞赛代表队荣获 1 个安徽赛区二等奖、2 个赛区三等奖、7 个成功参赛奖的好成绩，与往年相比，2009 年我校数学建模竞赛成绩有了明显提高。

我校 2009 年还组织学生参加了全国大学生数学竞赛安徽赛区的比赛，信息工程学院学生获得非数学专业类二等奖。这项由中国数学会主办的重要赛事活动，旨在促进高等学校数学课程的改革和建设，增加大学生学习数学的兴趣，培养分析、解决问题的能力。

我校根据英语教学的特点，组织英语专业和非英语专业学生参加读、听、说、写、译等英语技能比赛。在 2009 年全国大学生英语竞赛中，化学系学生获非英语本科专业类特等奖；旅游学院学生获高职高专类特等奖；外语系、文学院、化学系、教育系、旅游学院、生环学院等院系的 7 名同学荣获所在专业类别的一等奖。在 2009 年“CCTV 杯”全国英语演讲大赛安徽赛区复赛中，外语系 1 名同学荣获二等奖，化学系 1 名同学获优胜奖。在 2009 安徽省第五届高职高专实用英语口语大赛中，旅游学院 1 名学生获非英语专业组一等奖。

高品位的校园文化能提升学校的品位和声誉，高层次的校园文化能提高大学生的素质和能力。组织学生参加各类校园内外的文体比赛活动，是我校学生素质拓展活动的重要内容。2009 年在安徽省第二届“自立自强，励志成才，报效祖国”大学生演讲比赛决赛中，旅游学院人力资源管理专业、经管学院公共事业专业学生分获一等奖、二等奖。在安徽省大学生写作大赛中，文学院学生获二等奖，文学院、经管学院学生分获三等奖。在安徽省第四届大学生职业生涯设计大赛中，旅游学院学生获“安徽省大学生职业规划之星”银奖，学校获“最佳组织奖”。在中国高校校报好新闻和安徽省高校校报好新闻评选中，文学院学生 4 件新闻作品获三等奖。在 2009 年“香茗杯”世界旅游形象大使华东赛区总决赛中，旅游学院学生获十佳奖项中的“最佳表演奖”，获封“才艺五强”。在安徽省“皖国春秋”杯大学生乒乓球比赛中，我校乒乓球队获男子团体第三名、女子团体第五名的优异成绩，代表队获“体育道德风尚奖”。

鼓励大学生参加暑期“三下乡”和开展经常性的社会实践活动，旨在让学生走出校园、了解国情、服务社会、增长才干。2009 年，在安徽省“生态安徽活动月”优秀项目评选中，校团委的“再走新安江，保护母亲河”生态实践活动项目获一等奖。信息工程学院团总支的“实践科学发展观，生态保护青春行”项目和生命与环境科学学院团总支的“汇聚青春力量，共建生态文明”项目分获二等奖。在全省高校暑期社会实践论文评选中，我校报送的5篇论文获一等奖，二、三等奖各2篇。

学校通过组织大学生参加一系列的比赛活动，旨在开辟学校第二课堂，不断增强学生的创新意识和提高学生的动手能力，有效提升学生的综合素质；与此同时，参赛学生通过与国内知名高校的优秀学子同台竞技，也开阔了眼界，增长了见识。以赛带训、拓展素质，这是我校应用型本科院校建设和应用型人才培养目标的必然要求。据不完全统计，2009年在全省及以上范围举办的共28项赛事中获得奖项，参与学生面广，获奖层次高，检验和见证了我校人才培养的质量。

从2002年到2012年，黄山学院人已然走过了十年光阴，有过曲折，有过摸索，却最终在建设高水平的应用型大学的旗帜下团结奋进，在“教人求真，学做真人”的大学精神感召下，与时俱进，默默耕耘，十年磨一剑，我们顺利通过了教育部的本科合格评估，这是对全体黄山学院人十年奋斗的最高奖励！

三、大学精神引领

我校充分挖掘大学精神的育人功能，吸收现代大学的办学理念与思想精华，发挥师生继承和弘扬大学精神的主体作用，从而丰富了大学精神的内涵，增强了凝聚力，使大学精神在学校发展和大学生的成长成才中发挥了引领作用。

（一）以“教真人、做真人”为使命，办人民满意的大学

黄山学院人始终以“教真人、做真人”为使命，坚持以做为中心，实现教学做的合一。多年来，学校遵循高等教育发展规律，坚持解放思想，理清办学思路，明晰办学定位，明确发展目标，科学制定并实施发展规划，全面推进应用型本科建设。致力于办人民满意的大学，求真育人不断取得新成效，各项事业得到了长足发展。

1. 解放思想，不断更新教育思想观念

学校通过全校性的教育思想观念大讨论，推动了教育思想观念的不断转变。在解放思想、统一认识的基础上，学校围绕本科教学这一中心工作，不断强化“质量第一、特色发展、开放办学”三种意识，大力实施“质量立校、人才强校、特色兴校”三大战略，精心打造人才工程、教学质量工程、基本建设工程和凝聚力工程等“四大工程”，推动从优质专科到合格本科、由外延发展向内涵提升、从以师范教育为主向多科性应用型本科教育的“三大转型”。

2. 质量立校，不断提高办学水平

学校始终坚持把教学质量视作学校的生命线，不断充实“质量立校”的内涵要求，着重提高教学水平和人才培养质量。一是确保教学中心地位：定期召开教学工作会议，研究解决制约本科教育教学的突出问题，把人力、财力、物力、精力、智力聚焦在人才培养上。二是建设优质本科教育资源：坚持抓学科建设、专业建设、课程建设、实验实践基地建设；坚持深化人才培养模式、教师教学模式的改革，积极开展产学研合作教育；强化实践教学环节，着力培养学生的实践能力。三是完善本科教学管理：通过健全教学管理规章制度，形成本科教育的制度规范；通过制定各教学环节质量标准，形成本科教学的质量标准规范；通过提出各教学环节的基本要求，建立教学行为规范；通过构建和完善教学质量保障体系，以保证培养过程规范。

3. 以人为本，育人环境不断改善

学校坚持“办学以教师为本，教育以学生为本，管理以服务为本”，把以人为本的理念落到实处。加大投入，为师生创造良好的教学、科研、学习和生活条件，努力营造尊重人才、关心人才、用好人才、培养好人才的良好氛围；成立了“教师能力发展中心”，为教师提供教学、科研、社会实践等方面的服务，帮助教师提高教学、科研和继续发展的能力。整合资源，

成立了“大学生事务中心”，为学生提供“一站式”服务；成立了“大学生应用能力发展中心”，统筹学生实践和应用能力的培养；关注学生的不同特点和个性差异，积极探索因材施教的途径和方法。坚持“教书育人、管理育人、服务育人”，引导、要求管理服务部门主动服务教学工作，通过开展机关效能建设、管理服务岗位创先争优等活动，进一步把服务、保障教学的职责落到实处，形成了全员服务、保障教学中心地位的工作格局。

（二）以大学精神引领大学发展

培育学校精神是每个大学不懈的办学追求。从本质上讲，培育大学精神就是提炼一所大学的核心价值观，就是形成一所大学的共同理想和目标，就是构建一所大学的先进校园文化。

1. 彰显特色大学精神

从普遍意义上说，大学精神主要体现为自由精神、民主精神、科学精神和创新精神。但在一定意义上看，没有特色的大学就等于丧失了长远发展的生命力、缺乏特色的建设，就不会获得创新发展。大学通过精神，透视出一所大学的个性、特色和灵魂，折射着大学之间的差异，显示出性格的多样性和独特性。

黄山学院在长期的专科办学实践和创办本科的过程中，通过传承、创新徽州文化，努力探索培育具有个性的学校精神。黄山学院以弘扬徽州文化为己任，并以此打造特色品牌。不断思考，历经探索、实践，逐步选择以“徽骆驼精神”为标志，汲取“黄山松精神”“陶行知精神”等精神结晶，初步凝炼出“求真求是、崇文尚德，百折不挠、负重前行”为主要内涵的黄山学院精神，以此概括黄山学院肩负大学的使命，追求科学精神和人文精神，不断创新进取的个性、品格。

“徽骆驼精神”“陶行知精神”“黄山松精神”都是徽州大地上孕育出的宝贵精神财富，体现了诚实勤劳的徽州人在不同时期的可贵品格。“徽骆驼精神”成就了称雄数百年的一代徽商，铸就了徽商的独特品行，深深地影响了徽州文化的方方面面，是古徽州生发出的宝贵历史遗产；“黄山松精神”是“徽骆驼精神”在新时期的历史延伸和当代发展，展示了古徽州大地上的新黄山人的时代精神风貌，是新黄山秉承历史、迈向未来、创建国际旅游城市的精神动力。“黄山松精神”“陶行知精神”和“徽骆驼精神”是中华民族优秀品质的多侧面反映，是民族精神和时代精神的具体体现。植根古徽州本土、汲取徽文化营养、作好徽文章，始终是黄山学院追求办学个性的努力目标。

学校30多年的办学实践初步形成并造就了自己的独特风格。从比较薄弱的基础开始，发扬了团结、奋进和勤俭办学的精神，只用了30年多一点的时间，就完成了“三步走、两级跳”的发展目标，从徽州师范专科学校到黄山高等专科学校再到今天的黄山学院，用不太长的时间把学校办像了，办出了相当的水平，并初步展示出了自己的个性。全国先进师专及其前后两次全国语言文字先进单位，《人民日报》《光明日报》《中国教育报》先后报道了学校的办学成就，“八五”国家图书出版项目《戴震全集》出版，全省第一个省市共建模式，全票圆满通过“升本”，都是不同侧面的例证。

新机遇、新挑战。2003 年以后，黄山学院人负重奋进，只争朝夕，克服了许多困难，以前所未有的气魄，一次性新征土地近千亩，形成了 1500 亩的新区校园。经过短短几年的埋头苦干，一个生态资源丰富、环境优美、设施先进、功能配套齐全的新校园呈现在人们面前，50 多个本科专业和一批应用性专科专业构成了具有一定潜力的专业方阵，并初步形成了以旅游、生态、徽文化领衔的特色专业群，自觉地担当起研究徽州文化、发展黄山旅游、开发生物资源、保护生态环境的历史责任。主动顺应黄山对外开放，建设国际旅游名城的发展战略，适应高等教育国际化的发展趋势，学校确立了“立足地方、走向国际”的发展思路，以迎客松的博大胸怀，张开双臂，迎接了首批来自美国的留学生，由本校教职工与留学生结对，实行一对一的家庭寄宿制，为留学生提供了周到的生活照顾；与美国、瑞士、德国、韩国和中国香港的高校达成了合作协议，接待了来自五湖四海的宾朋，学校成为安徽高等教育对外的一个窗口，黄山市对外交流的一个基地。在发展的过程中，目标坚定、埋头苦干、奋进有为、胸襟宽阔、诚实厚德、开放不守旧已成为黄山学院人的一种矢志不渝的追求。2012 年，在学校领导班子团结协作、改革创新，各单位密切配合、通力协作和全校广大教职员工的共同努力下，顺利通过了教育部本科教学工作合格评估，为学校进一步发展奠定了坚实基础。

2. 特色校园文化培养特色大学精神

独具特色的地域文化，是黄山学院建设和发展的源头和活水，是建设独具特色校园文化的优势资源。一直以来，黄山学院高度重视校园文化建设，本着立足地域文化资源优势，突出个性品质，打造特色品牌的工作思路，着力于建设具有黄山学院特色的校园文化。经过坚持不懈地探索和实践，取得了很好的实效。

物质文化建设。黄山学院分南北两校区，南区作为新校区，面积有 1500 亩，经过近几年的开发建设，已经初具规模。学校充分发挥环境文化的作用，新校区的建设依托独特的地形地貌和丰富珍贵的生态资源，融入徽州人文特色，既提升了文化品位和内涵，又增强了育人功能，达到“校在山中，楼在景中，人在画中”的最佳效果，让学生在浸润中健康成长。在学校建设上，从整体布局、建筑形体、立面造型、广场布置到人车交通安排、绿化配置、屋顶和地面铺砌等进行综合考虑，充分体现徽州地域文化特色。始终秉承徽派建筑特色，坚持生态化、园林化、现代化的标准，形成了绿树环绕、山水相依、高楼林立的校园风光，新校区因此成为了黄山市的一处新亮点、新风景。与徽州古村落相比较，学校的建设正如古村落的规划建设一样，注重自然和谐、山水相依、科学合理。山林、湖水、镂纹立柱和徽派现代建筑群构建成一幅水墨山水画，吸收了徽州古村落“天人合一、融于山水”的精髓，在达到丰富的生态、齐备的功能和优美的景观和谐统一的同时，兼顾了建筑的教育功能。

学校注重在现有的校园本体上注入其文化内涵，增强育人功能。譬如，学校大门前，十六根徽州石雕立柱高耸入云天，寓意栋梁之材，茁壮成长；进入大门后，就是校训广场，“教人求真，学做真人”的校园精神，激励广大师生员工努力践行求真务实，诚实做人。校园文化广场后的逸夫图书馆正立面以现代高科技手段的电脑芯片造型嵌有篆书“经、史、子、集”四个大字，寓意这里是知识汇集之场所，表达传统文化与现代精神的融合；周边的石雕刻有“书山”“博学”“勤思”等内容，启示学子们发奋成才。校园内十条主干道路均以徽州名人命名并有人物简介，既是徽州文化的集中缩影，彰显校园的徽州文化特色，也是以这些名人教育启迪今天的学子们，努力学习，为国家做贡献。注重充分挖掘校史，收集整理曾在学校任教、就读过的现当代名人和成功人士信息以及古徽州历史名人资料，建立校史陈列馆、校友园和徽州名人博物馆等，向师生展出并对社会开放，充分发挥地方名人文化的育人功能，从而让师生从地方名人文化的土壤里汲取营养，让他们在了解校史、徽州地方历史的同时学习先贤前辈，发奋图强。

精神文化建设。校园精神文化建设是校园文化建设的核心内容，它集中反映着一所学校的本质和整体人格风貌，具体表现在学校的校风、教风、学风、工作作风、班风等方面。黄山学院通过教育思想观念大讨论，广泛发动师生群众，征集并形成校徽、校歌、校风与校训等，这是打造融合学校历史、地方精神和时代特征的物质载体，从而在广大师生乃至社会中确立一个清晰的直观印象，明确了一个区别于其他机构或院校的鲜明特征。校园文化具有激励功能，是一种持久而深刻的激励力量，是推动师生员工积极向上的动力因素。校歌和校训的直接作用就是能激励师生牢记校史、居安思危、负重前进、开创未来，学校可不拘形式，普遍推广，使之深入到师生群体中，产生深远影响。

制度文化建设。校园文化具有导向功能和规范功能，它涉及政治导向、思想导向、道德品质导向、社会价值和个人价值导向等领域而且发挥着政治文化、伦理文化的主旋律作用。它可以通过既定的制度、条例、法规等行为规则，强制师生员工们的行为。学校始终注重制度建设，以制度管人、管事，规范办学。2002 年升本后，各项规章制度逐步建立并日趋完善，对各项规章制度也进行了整理汇编。在制度的制定过程中学校能够做到与教职工充分沟通，力求做到透明民主。

行为文化建设。作为地域特征很明显的新建地方高校，黄山学院在办学理念与校园文化建设的方略上，高度重视如何赢得“比较优势”，坚实地立足地方，重视地域文化的滋养和作用。学校设置相关课程体系，在大学生中开设徽州文化选修课和专题讲座，经常性地举办徽文化论坛，邀请徽学专家进行讲学和做报告，普及徽文化知识，让更多的人了解徽文化的研究现状；成立“徽州学社”等学生社团组织，开展具有徽州文化特色的社团活动；创办《徽州学》刊物，编写出版《徽州文化十二讲》，在大学生中普及徽州文化知识；积极鼓励学生参与徽州文化的研究。如今，学校师生对徽州文化的兴趣日益浓厚，研究、传承、创新徽州文化的成果越来越多，学校校园文化中徽文化的元素越来越多。如文学院选送的作品“徽杭古道路会调查”喜获全省第四届“挑战杯”一等奖，并入围“挑战杯”全国比赛，该院学生还组建“文化遗产调查”

小组，经过实地考察，形成《祁门马山目连戏现状调查》的调研报告，受到社会关注；旅游学院学生组成“徽菜和徽州民俗调查”小组，对徽菜及徽州民俗情况进行调查，挖掘民俗文化旅游资源，充实乡村旅游文化内涵。文学院老师组织授课班级的同学深入古村落呈坎，从历史、人文、建筑、社会管理、遗产保护、环境生态等方面进行全面考察和调研，每人写出了一份调查报告，既扩大了徽州文化的影响，更培养了大学生的实际能力。艺术和建筑的学生在社会实习活动中，感到新安山水之美和建筑艺术的精致，受到启迪和感悟，刻苦创作自己的作品，有些作品在全省、全国大赛中，获得大奖和优秀成绩。

作为一所新建的地方高校，黄山学院在校园文化建设上，始终坚持学生主体和教师主导的统一、坚持弘扬主旋律与实现多样化的统一、坚持继承和创新的统一、坚持“硬件”与“软件”的统一，依托地域特色优势，走出了一条地方院校结合地方的特色之路、创新之路。

（曾小保拟定撰写提纲，曾小保、吴云峰、赵懿梅、吴秉坤、汪方学撰稿）